OUVRAGES DU MÊME AUTEUR

Développement des jeunes

- *Premiers Pas dans l'entreprise*, Marabout nº 1905, 1993.
- *L'Emploi des jeunes*, Que sais-je ? nº 3104, PUF, 1996.
- *Le Scoutisme*, Que sais-je ? nº 254, PUF, 1996.

Psychologie pratique

Chez Marabout :

- *Les Dix Piliers de la caractérologie*, nº 3619, 1994.
- *Les Techniques modernes de développement personnel*, nº 3540, 1995.
- *Résoudre les conflits par l'approche paradoxale*, nº 3558, 1996.

Gestion des ressources humaines

- *Bien gérer la rupture de son contrat de travail*, Marabout nº 1910, 1993.
- *La Rémunération globale des salariés*, Que sais-je ? nº 2952, PUF, 1995.
- *La Grève en France*, Que sais-je ?, PUF, à paraître.

Connaissance de l'industrie

- *Les Relations industrielles*, Que sais-je ? nº 2958, PUF, 1995.
- *L'Industrie pharmaceutique*, Que sais-je ? nº 3276, PUF, 1998.

Jean-Paul JUÈS

LES 7 POINTS CLÉS POUR BIEN COMMUNIQUER

MARABOUT

Communiquer, c'est mettre en commun…

Sommaire

Avant-propos

Curieusement, jusqu'au milieu du XXe siècle, on ne s'est pas vraiment préoccupé d'étudier les modes de communication interpersonnelle, ni surtout d'engager des travaux approfondis visant à leur amélioration.

C'est d'autant plus surprenant que, par ailleurs, et depuis le début du siècle, on avait déjà assisté à un fantastique feu d'artifice de découvertes dans le domaine des sciences dites « dures » (physique, astrophysique, chimie, biologie, etc.) mais aussi dans celui des sciences humaines (psychanalyse, sociologie, psychosociologie, etc.).

Mais alors, et comme pour rattraper le temps perdu, durant la deuxième partie de ce bouillonnant et tumultueux XXe siècle, toute une série de techniques de communication interpersonnelle ont brusquement fait leur apparition.

Ainsi, à l'orée du XXIe siècle, nous n'avons que l'embarras du choix entre des approches toutes plus originales, étonnantes, sophistiquées les unes que les autres. Or, paradoxalement, force est de constater que très concrètement, c'est-à-dire dans la vie de tous les jours, la communication à deux reste toujours aussi difficile (et donc mal maîtrisée). Cependant, ne cesse de grandir le nombre des lecteurs (de tous âges et de toutes conditions) qui « dévorent » allègrement les innombrables ouvrages grand public que des collections d'excellente vulgarisation (comme Marabout, pour ne citer qu'elle) publient à un rythme endiablé sur ce sujet aux multiples et chatoyantes facettes !…

Il y a là un paradoxe et même une irritante anomalie qu'il nous faut éclaircir sans plus tarder.

Introduction

Ainsi donc, nous avons tous remarqué qu'existent maintenant de nombreuses techniques axées sur la communication interpersonnelle. Mais alors, pourquoi tant de méthodes de surcroît fort différentes les unes des autres bien que visant toutes le même objectif ?... Il semblerait plus simple et plus naturel qu'existe une seule et même approche, à laquelle chacun d'entre nous pourrait ainsi s'entraîner sans trop de difficulté au lieu de se trouver confronté à une impressionnante panoplie, laquelle trop souvent n'est guère utilisable de manière pratique. En fait, cette profusion de possibilités n'est pas le résultat d'une recherche confuse, anarchique et quelque peu fantaisiste comme on pourrait le supposer de prime abord.

En effet, la personnalité humaine est si riche et complexe qu'il a fallu échafauder plusieurs théories explicatives de son mode de fonctionnement (psychanalyse, neurophysiologie, systémique, process-communication, psychologie de la forme ou gestalt-théorie, etc.). Ainsi, chacune de ces théories aborde la réalité humaine sous un angle de vue différent, sous un « éclairage » particulier et original. Certaines ont imprudemment prétendu être une explication globale ; d'autres, plus réalistes, estiment qu'elles apportent plus simplement une importante contribution (parmi d'autres) à la compréhension de l'extraordinaire et fascinant phénomène que constitue notre psychisme en mouvement. A noter que chacune de ces théories explicatives dérive d'observations rigoureuses et non pas d'élucubrations. En outre, chacune, pour sa part, constitue un ensemble cohérent et bien structuré, un système autonome (parmi d'autres, rappelons-le) d'appréhension de cette réalité psychique multiforme et pour partie insondable…

Dans un deuxième temps, à partir de chacune de ces conceptions théoriques expliquant (chacune à sa manière et de son point de vue) le fonctionnement général du psychisme humain, ont été progressivement mises au point des techniques de communication (entre deux personnes) très spécifiques. Autrement dit, à chaque théorie psychologique correspond une technique se proposant d'améliorer la communication interpersonnelle, ce qui en soi est assez naturel et de plus intellectuellement très excitant.

Mais, à ce stade, les choses se compliquent singulièrement. En effet, chaque technique est un ensemble, généralement très riche, voire plus ou moins complexe, comportant de multiples procédures et d'innombrables recommandations adaptées à de nombreux cas de figure, c'est-à-dire à toute une série de situations existentielles. Et l'application réussie des procédés proposés (par chaque orientation technique) implique en réalité une formation adaptée et donc un entraînement sérieux. Celui-ci doit donc être conduit par un(e) spécialiste, ceci dans le cadre de sessions bloquées ou étalées dans le temps mais représentant de toute manière plusieurs journées de travail intensif quand ce ne sont pas plusieurs semaines…

Ainsi, on assiste à une situation très surprenante : celle d'innombrables personnes, pleines de bonne volonté, qui cherchent à améliorer leur communication avec autrui et qui donc se plongent avec délectation dans la lecture des multiples ouvrages présentant (généralement très bien) les différentes techniques modernes. Mais ces mêmes personnes, le plus souvent, n'ont pas la disponibilité d'esprit nécessaire, ni tout simplement le temps sinon les moyens financiers, pour entamer une formation en bonne et due forme. Or, sans formation, pas de modification des comportements et donc le bilan des lectures effrénées est en définitive généralement décevant.

Cependant, la situation n'est pas pour autant bloquée et sans issue. En effet, j'ai personnellement constaté qu'au milieu des multiples exercices et recommandations techniques composant un même système d'approche se trouvait généralement un procédé simple et efficace mais, en quelque sorte, perdu dans la masse, une sorte de « perle » résumant assez bien l'essentiel de la méthode. Le plus souvent, les lecteurs ne notent pas cette éminente caractéristique car ils sont absorbés, obnubilés, voire fascinés par le déploiement de l'ensemble et le faste des multiples démonstrations techniques. En outre, la lecture faite, la plupart ne gardent pas en mémoire tout l'arsenal technique décrit (ce qui supposerait une formation approfondie, comme il a été souligné plus haut).

Cependant, chose très intéressante, certains se souviennent d'un seul détail, lequel, comme par hasard, se trouve être, bien souvent, cette fameuse petite perle. Malheureusement, s'ils s'en souviennent, cela ne veut pas dire pour autant qu'ils l'appliquent car ils ont le sentiment que c'est bien trop insuffisant pour être efficace. Or, il apparaît que ce « détail » non seulement est facile à mettre en œuvre (sans formation particulière), mais qu'en outre il se révèle très utile, même si, bien entendu, son efficacité est relativement limitée.

Mais alors, l'idée qui préside à cet ouvrage est de présenter aux lecteurs la « perle » contenue dans chacune des principales méthodes après avoir simplement signalé l'esprit, l'idée force de chacune d'entre elles, mais en se gardant bien d'entrer dans les arcanes et les subtilités d'une présentation classique c'est-à-dire complète et très argumentée mais inapplicable par l'immense majorité.

L'addition de ces quelques perles, de ces modèles standard (modestes, en apparence), de ces points clés (sept, en l'occurrence), tous très facilement utilisables, va ainsi constituer un ensemble d'une remarquable efficacité pour toute personne souhaitant améliorer puis maîtriser ses communications interpersonnelles, cela d'une manière simple, immédiatement applicable.

Articulation de l'ouvrage

Compte tenu des remarques préliminaires faites ci-dessus, sept grands points clés seront successivement détaillés, chacun comportant généralement quatre parties :

Première partie — Présentation (succincte et synthétique) **de la théorie psychologique de référence.**

A ce propos, il sera fait des emprunts très sélectifs à ceux des ouvrages de la collection Marabout qui présentent et développent, fort bien, ces différentes techniques psychologiques modernes.

Deuxième partie — Description du point clé choisi (pour sa facilité d'application) parmi les techniques issues de cette théorie.

Troisième partie — Quelques exemples d'application.

Quatrième partie — Bibliographie spécifique sur la théorie psychologique (et adresses d'organismes spécialisés lorsqu'ils existent), dont le point clé s'inspire, à l'intention du lecteur qui souhaiterait l'approfondir voire l'appliquer dans son intégralité (ou, plus simplement, perfectionner le maniement du point clé concerné).

Dans cet esprit, les sept points clés qui seront abordés sont indiqués ci-après, la théorie de référence concernant chacun d'entre eux étant indiquée entre parenthèses. En outre, afin de faciliter la compréhension de l'ensemble, il a été procédé à un regroupement par famille.

Les deux points clés « photographiques » : les points clés basés sur l'observation physique de l'interlocuteur :

1 - la « synchronisation » des postures (programmation neurolinguistique = PNL) ;

2 - l'observation du « mouvement dominant » sur un visage (morphopsychologie).

Les trois points clés conversationnels : les points clés basés sur l'attention portée aux paroles d'autrui :

3 - la « reformulation » du discours de l'autre (théorie de l'information ou schéma de Jakobson) ;

4 - les « transactions positives » entre deux personnes (analyse transactionnelle = AT) ;

5 - l'« écoute active » et le « message-je » (la méthode « gagnant-gagnant » de Thomas Gordon).

Les deux points clés comportementaux : les points clés basés sur la prise en compte globale du comportement du vis-à-vis :

6 - le « cycle de contact en cinq temps » (Gestalt) ;

7 - le « recadrage » des situations conflictuelles devenues inextricables (approche paradoxale).

Deux remarques préliminaires

Première remarque : un constat à propos de la difficulté de communiquer

L'être humain dispose d'une très large panoplie de moyens pour entrer en relation avec autrui : gestes, mimiques, attitudes, langages écrits et surtout parlés, chacune de ces possibilités offrant en outre une gamme infinie de nuances et d'innovations permanentes. Et pourtant, nous savons tous par expérience combien il est difficile non seulement de se faire comprendre mais tout autant d'écouter correctement.

Il n'est pas de notre propos de nous interroger ici longuement et doctement sur le paradoxe ou le tragique de la condition humaine. Notre objectif est de dégager les plus gros obstacles de notre route à l'aide d'outils au mode d'emploi simple et maniables par tous. Mais, auparavant, il convient de prendre la mesure du problème par un constat préalable et imagé de ce qui se produit lorsque deux personnes, que rien n'oppose, se parlent. Il se produit alors une impressionnante déperdition des échanges illustrée par la figure n° 1. On imagine sans peine ce qu'il peut advenir lorsque les deux interlocuteurs ne sont même pas d'accord entre eux et en viennent donc à s'affronter. Mieux vaut ne pas tenter d'en proposer une quelconque transposition !...

Dans la figure n° 1, la longueur de chaque flèche représente l'évolution, en cours de communication, de la « taille » du message (concernant un problème quelconque) qu'une personne adresse à une autre de vive voix, ceci en tête-à-tête ou par téléphone. On constate alors, avec étonnement, que la taille initiale du message ne cesse de rétrécir, comme une peau de chagrin, au fur et à mesure du déroulement de cette banale communication interpersonnelle. Nous en faisons tous et quotidiennement l'expérience, mais généralement sans y prêter une attention particulière.

— Ainsi, au démarrage de ce curieux processus, il y a **« ce que l'on veut dire »** à son interlocuteur (*« Il faut que je lui parle de ceci ou de cela et surtout que je n'oublie pas de lui rappeler tel et tel points. Et, au passage, j'en profiterai pour lui demander d'appeler Untel... »*).

— Mais, en présence de notre interlocuteur, **« ce que l'on dit »** n'est en général pas tout à fait conforme à ce qu'on avait l'intention d'exprimer.

Ainsi, au cours de la conversation, on oublie d'évoquer un point ou bien on n'a tout simplement pas le temps de tout dire, ou encore, compte tenu de l'humeur de l'interlocuteur, on se garde bien d'aborder un aspect sensible…

— Et puis, du côté de notre interlocuteur, il y a **« ce qu'il entend »** de nos propos. Bien souvent, il ne va entendre correctement qu'une partie de ce que nous lui avons dit, et cela sans qu'il y ait de sa part la moindre mauvaise volonté. Mais il a pu avoir une saute d'attention ou être distrait par un événement extérieur (coup de téléphone, question posée par un tiers…) ou même être un peu sourd sans que personne n'en sache rien, et lui-même le premier…

— Mais entendre n'est pas écouter. En effet, écouter, c'est entendre + prêter vraiment attention à ce qui est dit par l'autre, autrement dit s'y intéresser. Et donc, **« ce qu'il écoute »** ne sera qu'une partie de ce qu'il a entendu de nos paroles.

— Malheureusement, notre interlocuteur a beau s'intéresser voire se passionner pour notre discours, il n'est pas sûr que tout lui soit parfaitement clair. Ainsi, généralement, il y a encore une déperdition entre ce qu'il a écouté et **« ce qu'il comprend »**… vraiment.

— Et puis, quand bien même l'interlocuteur a compris une bonne partie de ce qu'il s'est efforcé d'écouter, il ne va pas forcément s'en souvenir intégralement. A nouveau, une partie du message se volatilise. **« Ce qu'il retient »** n'est pas la totalité de ce qu'il a pourtant parfaitement bien compris…

— Enfin, **« ce qu'il répercute »** auprès d'autres personnes de sa conversation avec nous ne correspondra pas à l'intégralité de ce qu'il en a retenu. Ceci soit parce qu'il décidera volontairement d'occulter une partie de ce qui lui a été dit, soit, et c'est le cas le plus fréquent, parce qu'il en oubliera tout simplement une partie…

Cet exemple nous montre qu'au total, les pertes subies par le message initial (tel que nous nous le formulons dans notre tête) sont considérables.

Une expérience très facile à réaliser avec plusieurs personnes cette fois-ci (et non pas seulement entre deux interlocuteurs) est celle de *la chaîne* : A chuchote un message à l'oreille de B qui répercute ce qu'il en a retenu à l'oreille de C qui lui-même se penche vers l'oreille de D et ainsi de suite jusqu'au dernier maillon de cette chaîne humaine. Puis on demande à la personne qui est en bout de chaîne de dire à haute voix ce qui lui est parvenu à l'oreille. Le résultat final est généralement ahurissant : incompréhensible ou absurde, voire d'un comique irrésistible !… Il n'a presque plus rien de commun avec l'original et cela alors que chacun s'est efforcé de répercuter le plus correctement possible ce qui lui a été communiqué à l'oreille…

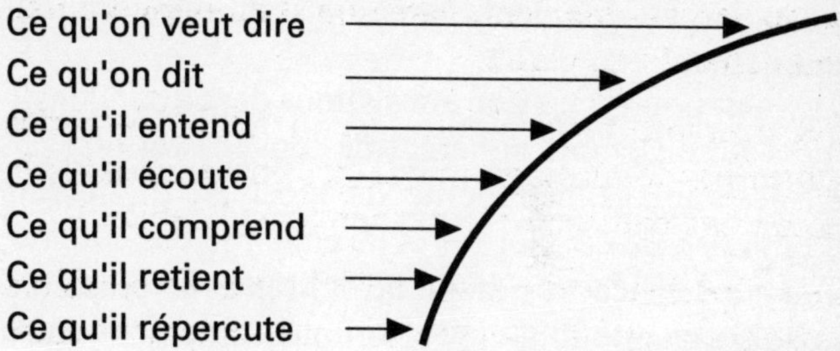

Sur les 100 % de ce que l'« émetteur » veut dire, le « récepteur » n'en retiendra qu'environ 20 % (c'est le « rendement » moyen d'une communication faite au cours d'une conférence). Et il en répercutera (correctement) encore moins !...

Figure 1

Deuxième remarque : une précision quant à l'utilisation des outils de déblaiement des obstacles à la communication

Les sept points clés que nous allons découvrir constituent un ensemble cohérent de moyens (et non pas un assemblage hétéroclite de recettes) permettant d'entamer, de développer et de conclure des communications efficaces (ce qui ne veut pas dire faciles !) avec notre entourage, qu'il soit privé, professionnel ou de rencontre fortuite.

En aucun cas, ces précieux procédés ne doivent être utilisés avec l'intention avouée (ou inavouée) de tromper autrui. Ils supposent l'intention ferme d'ouvrir une discussion honnête sur le fond comme sur la forme. Si ce n'était pas le cas, le résultat serait, de toute manière, d'office catastrophique. En effet, une personne trompée finit toujours par s'en apercevoir. Lorsque en plus elle réalisera (clairement ou confusément) qu'elle l'a été grâce à l'emploi d'une technique particulière, elle en sera doublement scandalisée et « bonjour le retour de bâton » !…

PREMIÈRE PARTIE

LES DEUX POINTS CLÉS « PHOTOGRAPHIQUES »

Les points clés basés sur l'observation physique de l'interlocuteur.

— **Point clé n° 1** : la « synchronisation » des postures.

— **Point clé n° 2** : l'observation du « mouvement dominant » sur un visage.

Commençons donc par l'acte le plus simple et le plus courant qui soit dans le cadre des rapports humains, c'est-à-dire l'observation physique de notre interlocuteur. Le plus souvent, nous nous attachons à deux aspects particuliers : l'attitude générale ou posture d'une part et les traits du visage. Ainsi, tout naturellement, notre premier point clé va concerner la prise en compte de la posture (c'est-à-dire de la manière dont se tient notre vis-à-vis) et le deuxième point clé va consister à déterminer en quelques coups d'œil avertis la structure générale d'un visage, qu'il nous soit familier ou étranger.

POINT CLÉ N° 1

La « synchronisation » des postures

« Dans la conversation, il faut disposer nos corps avant d'échanger nos mots. »

Boris Cyrulnik —
Les Nourritures affectives.

1. Présentation synthétique de la théorie psychologique de référence : la PNL

En l'occurrence, il s'agit de la programmation neurolinguistique, plus simplement dénommée PNL. Le nom qui désigne cette approche psychologique est particulièrement rébarbatif alors que les initiales sonnent bien et sont facilement mémorisables. Et, d'ailleurs, depuis le début des années 1980, la PNL suscite beaucoup de curiosité mais aussi d'intérêt.

Les trois termes quelque peu sibyllins méritent une première précision. Disons, pour simplifier, que *programmation* est la traduction technique de la notion d'organisation personnelle interne. Ainsi, nos activités intellectuelles (décider, agir, recueillir l'information, etc.) sont régies par des séquences qui tendent à se reproduire, semblables à elles-mêmes, comme si, tels des ordinateurs, nous étions « programmés ». De ce point de vue, la PNL a pour objectif d'augmenter le nombre et l'efficacité de nos « programmes ».

Pour sa part, *neuro* correspond à tout le champ de la perception sensorielle (appréhendé par nos neurones). A ce propos, la PNL permet de mieux comprendre comment nous élaborons nos représentations mentales et nos sensations en étudiant minutieusement les signaux émis par nos cinq sens (la vue, l'ouïe, le toucher, l'odorat et le goût).

Enfin, *linguistique* se réfère à la notion de moyen de communication, autrement dit la PNL s'efforce de définir les règles d'utilisation des deux grandes formes de langage (le verbal, c'est-à-dire notre discours, et le non verbal qui englobe nos attitudes, gestes et mimiques).

En réalité, la PNL était déjà au point au début des années 1970. Elle est le fruit d'une multitude d'observations des comportements faites par deux experts californiens : le linguiste John Grinder et le mathématicien Richard Bandler.

Au total, les outils de la PNL permettent d'établir une communication plus intense et plus personnalisée avec l'interlocuteur. Les plus connus (sur lesquels nous allons revenir) sont, très brièvement, les trois suivants :

— **La « synchronisation »**, c'est-à-dire que pour « entrer en contact » avec l'interlocuteur, on se « synchronise » avec lui en adoptant ses mots, ses intonations, ses postures ou ses mouvements.

— **Le repérage** qui consiste à déterminer très vite les principales caractéristiques de son comportement en identifiant — en repérant — son « canal sensoriel dominant » : la vue ou l'ouïe ou encore le toucher (en pratique, on laisse donc de côté l'odorat et le goût).

— **L'ancrage** : la communication est « ancrée » dans les cadres de référence de l'interlocuteur en utilisant des images, un vocabulaire, des gestes qui lui rappellent des événements agréables ou vécus positivement (son sport préféré, un voyage qu'il vient de réaliser, un événement heureux, etc.).

De la sorte, cela va permettre, par exemple, d'aider une personne à évoluer en « greffant » le mode de fonctionnement de situations de réussite passées sur celles qu'elle a le plus de mal à maîtriser dans le présent.

La pratique du repérage et de l'ancrage implique une formation spécifique et un sérieux entraînement. Par contre, la synchronisation, notamment celle des postures, est immédiatement applicable par tout un chacun. C'est la raison pour laquelle elle constituera notre premier point clé que nous allons développer plus loin. Mais auparavant, une évocation succincte du repérage et de l'ancrage s'impose afin de bien saisir l'essentiel et l'esprit de la PNL.

Le repérage

Les chercheurs de différentes disciplines (neurologie, cybernétique, systémique, etc.) ont remarqué que chaque être humain fonctionne selon des schémas cérébraux (des « programmes », pour utiliser ce qui n'est qu'une image pratique), lesquels non seulement lui sont propres mais en outre, sont toujours les mêmes.

Ainsi, on a pu dégager quatre grands types de fonctionnement cérébral : les visuels, les auditifs, les kinesthésiques et les olfactifs, regroupés avec les gustatifs. Cela forme l'ensemble dénommé VAKO/G en prenant la première lettre de chacun de ces cinq adjectifs qui correspondent aux cinq sens mentionnés plus haut. Bien entendu, tout le monde utilise ses cinq sens pour appréhender la réalité en général et plus particulièrement pour communiquer avec les autres (cf. *figure 2*).

Les systèmes sensoriels dominants

LES SYSTÈMES SENSORIELS DOMINANTS

V	**A**	**K**	**O/G**
Système visuel (vue) regarder ce livre, le monde, les autres	Système auditif (ouïe) entendre les sons, le monde, les autres	Système kinesthésique (plusieurs parties du corps) ressentir, réagir au monde, aux autres	Systèmes olfactif (odorat) et gustatif (goût) Les odeurs et le goût des choses

Figure 2

Mais chacun d'entre nous tend à privilégier un « canal » parmi les cinq. De plus, on s'est aperçu que ces modes de fonctionnement cérébraux étaient liés à une certaine conception du monde ainsi qu'à l'utilisation répétée de certains mots et certains comportements (regards, attitudes, entre autres).

Sur ce dernier point, la découverte la plus spectaculaire a consisté à mettre en relation le mouvement des yeux d'un sujet avec l'utilisation privilégiée d'un des trois premiers canaux sensoriels (vue, ouïe ou toucher). A partir de cela et, chose encore plus extraordinaire, il a même été possible de préciser à quel stade de la réflexion se trouve l'intéressé !

La *figure 3* schématise et résume cette étonnante constatation :
— les trois croquis du haut correspondent à un personnage dit « visuel » ;
— les trois du milieu à un « auditif » ;
— les trois du bas à un « kinesthésique », terme un peu savant qui traduit la prédominance des sensations corporelles.

Et, bien entendu, on ne s'adressera pas à un « visuel » de la même manière qu'à un « auditif » ou qu'à un « kinesthésique ». Signalons, au passage, que la PNL n'a pas découvert le fait que certains d'entre nous soient plus visuels ou plus auditifs, ce que l'on sait depuis longtemps, mais elle a permis de les identifier grâce aux mouvements de leurs yeux (et, secondairement, grâce aux mots utilisés). Par contre, la notion de « kinesthésique » est à mettre au crédit de la PNL car jusque-là personne n'avait bien prêté attention au fait que des sujets appréhendent plus facilement la réalité et les autres à travers leurs seules sensations corporelles. Ce qui, d'ailleurs, n'est guère étonnant dans le cadre de la civilisation occidentale qui privilégie les raisonnements intellectuels par rapport à l'évocation des ressentis physiques et affectifs.

De plus, on a pu établir une relation entre le fait de privilégier l'un des trois principaux canaux de communication et une sorte de portrait-robot comportemental, de type psychologique :

— **Le type visuel** présente une posture un peu raide, des gestes dirigés vers le haut, une respiration superficielle et rapide, une voix aiguë avec un rythme saccadé et, bien entendu, utilise des mots visuels.

— **Le style auditif** a une posture décontractée, une position d'écoute téléphone, une respiration assez ample, une voix bien timbrée avec un rythme moyen et naturellement des mots auditifs.

— **Le genre kinesthésique** manifeste une posture très décontractée, des gestes qui miment les mots, une respiration profonde et ample, une voix grave avec un rythme lent et il fait référence aux sensations dans le choix des mots.

Un premier exemple pour illustrer notre propos :

Un couple se dispute. Motif : l'appartement est en désordre !… Lui est un « visuel » : sensible à l'esthétique, la vue d'un espace fouillis, brouillon, manquant d'harmonie l'exaspère… Elle est à dominante « kinesthésique » (elle privilégie donc le sens du toucher relié à la perception de son corps). Dans ce désordre, elle apprécie de n'avoir qu'à faire un geste

Lorsqu'une personne pense, réfléchit, le mouvement de ses yeux traduit les opérations mentales qui sont à l'œuvre, de la façon suivante :

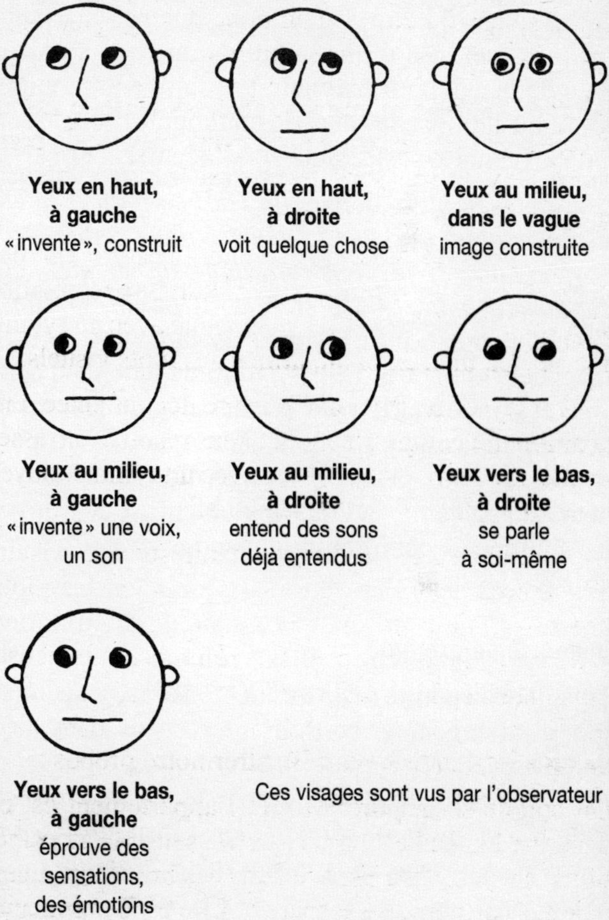

Figure 3

pour accéder au moelleux de son vieux pull préféré. Son « canal de communication » étant différent de celui de son mari, elle ne peut absolument pas comprendre ses récriminations car le désordre visuel ne l'agresse pas du tout. Il faut donc que son mari, qui est un visuel, use d'une autre logique que son langage de visuel pour parvenir à se faire comprendre. Il faut qu'il utilise le canal de communication de son épouse (canal kinesthésique, en l'occurrence).

Cela pourrait alors donner : « *Tout ce fouillis m'est insupportable. Lorsque je pénètre dans cette pièce, c'est comme si je pénétrais dans un lit plein de miettes de pain...* » Ce faisant, il passe du canal visuel au canal kinesthésique. Ils sont sur la même « longueur d'onde ». Elle y est immédiatement sensible et comprend le sens du message de son mari. La communication est alors établie, ce qui va permettre aux deux protagonistes de discuter sérieusement du problème, et vraisemblablement de trouver une solution de compromis, un *modus vivendi* acceptable par les deux parties.

Un deuxième exemple :

Il s'agit de la courte mais très démonstrative déclaration d'un ingénieur-conseil intervenant dans une entreprise en crise : « *Je m'accrochais sans arrêt avec un jeune directeur. Après ma formation en PNL, j'ai vu qu'il fonctionnait en auditif, tandis que je suis plutôt visuel ou kinesthésique. J'ai alors usé de mots comme : je t'écoute, je t'entends bien, cela fait écho, diapason, harmonie, etc. A la fin de la matinée, il me disait : "Patrick, comme c'est agréable de travailler avec vous..."* »

L'ancrage

Nous reprenons ici la définition tout à fait claire et les exemples très concrets qu'en donne René de Lassus dans son excellent ouvrage, *La communication efficace par la PNL* (pp. 96, 97 et 98, Marabout nº 3510), cité dans la bibliographie spécifique.

Vous avez sûrement déjà observé des personnes qui « frémissent » lorsqu'elles entendent leur hymne national. Ou encore, d'autres qui prennent peur à la vue d'un uniforme. Ou enfin, des personnes qui se mettent en colère lorsqu'on prononce le nom de quelqu'un. Pourquoi ce qui n'est que notes de musique, un morceau de tissu ou un mot, produit-il de tels effets ? Parce que ce sont des *ancres neurologiques*.

Une ancre, c'est une connexion neurologique entre un stimulus et un type de représentation VAKO [1] qui y a été associé, à un moment donné. C'est donc parce qu'existe cette connexion neurologique — donc cette ancre :
— qu'un hymne national provoque un frisson ;
— que la vue d'un uniforme provoque un sentiment de peur ;
— que le seul nom d'une personne provoque les sentiments liés au souvenir de cette personne.

Nous sommes donc riches de quantités d'ancres qui nous sont propres (qui appartiennent à notre histoire).

---

1. Le sigle VAKO est l'abréviation de l'ensemble « Visuel-Auditif-Kinesthésique-Olfactif ».

On appelle *ancrage* l'action par laquelle on établit des ancres. Certains ancrages sont volontaires, d'autres sont inconscients. Certains sont bénéfiques, d'autres ne le sont pas. Lorsque la vue d'un objet a le pouvoir de mobiliser mes énergies les plus efficaces, c'est qu'à un moment donné s'est opéré (d'après ma volonté ou inconsciemment) un ancrage que je peux aujourd'hui considérer comme positif.

Exemple : Quand François doit passer un examen, il met sa cravate marron — comme si celle-ci agissait comme un talisman l'aidant à « mobiliser » son énergie intellectuelle face à l'examinateur.

Autre exemple important résultant de la technique de l'ancrage : le travail des publicitaires : si j'écris « *Soif d'aujourd'hui* » et que cela évoque dans votre tête le nom « Coca-Cola », c'est que les campagnes publicitaires concoctées par la grande marque américaine ont réussi à créer cette association dans votre cerveau (cet ancrage).

Les Super-Communicateurs ont encore, dans leur panoplie de super-intervenants, cette capacité de pouvoir « provoquer » (il faudrait dire « inviter à prendre en considération ») des ancrages. Par exemple, ils invitent leurs interlocuteurs à « associer » des stimuli visuels, auditifs ou kinesthésiques — donc à faire des ancrages entre ces stimuli et de bonnes dispositions, de bonnes résolutions qu'ils viennent de prendre — de façon à pouvoir recréer ces états de ressources plus tard.

Exemple : Au moment où Albert s'est décidé à cesser de fumer, son thérapeute lui a demandé quelle image pourrait, selon lui, être associée, le plus positivement, à sa décision. Réponse d'Albert : une vue de forêt. L'intervenant a donc associé l'importante décision d'Albert à un poster représentant un magnifique sous-bois. Aujourd'hui, lorsqu'on lui tend une cigarette, Albert se retourne vers le poster (ou se le représente mentalement) et déclare : « *Non merci, j'ai décidé de pouvoir respirer ce bon air le plus longtemps possible !* »

Les mots, les sons, les musiques peuvent servir de base à de bons ancrages. On raconte que lorsque Milton Erickson parvenait à faire prendre à quelqu'un contact avec un « état de ressource » = EdR (c'est-à-dire un moment privilégié où nous avons la sensation d'être en pleine possession de nos moyens), il avait coutume d'inviter cette personne à choisir un nom à donner à cet EdR, ce qui lui permettrait, plus tard, de retrouver cet EdR par le seul prononcé de ce nom.

C'est un domaine dans lequel les considérations de valeurs sont malvenues. Si, par exemple, le mot choisi par une personne pour nommer un EdR est « sabre », il n'y a rien de ridicule de sa part à prononcer ce mot avant d'entrer dans le bureau de son patron, chez le dentiste ou de téléphoner à une amie dont il est amoureux !

Erickson faisait aussi un usage très adéquat de l'ancrage kinesthésique. Par exemple, en mettant la main sur l'épaule d'une personne qui quittait son bureau après une séance très positive de travail psychothérapeutique. Ce qui permettait de retrouver cet

« état » (comme par magie !) lorsque le patient revenait à la séance suivante. Il l'accueillait en lui mettant la main sur l'épaule.

Les cadres, animateurs de réunions, peuvent s'inspirer de cet exemple pour proposer à la fin d'une réunion de qualité, qui demande une suite, un ancrage sonore ou visuel — ce qui est plus facile à réaliser que d'offrir une main sur l'épaule à chaque participant. Attention ! Les ancrages qui « marchent » le mieux, dans ce type de situation, sont ceux qui sont choisis par les participants eux-mêmes ! (« *Par quel mot pourrions-nous nommer cette excellente réunion ?* »)

Attention à ne pas offrir d'ancrage négatif ! Cela existe. Dans les milieux de la PNL, il est devenu classique de citer la chose suivante : un thérapeute peu averti (ça existe, bien sûr) reçoit un patient très déprimé en lui mettant la main sur l'épaule, geste qu'il refait après l'entretien qu'il a eu avec lui. Ce qui a pour effet de remettre son patient dans le même état que lorsqu'il est arrivé, annulant ainsi le travail élaboré pendant l'entretien. Les ancrages sont des gestes ou des mots dont la puissance doit être bien connue par celui qui les utilise.

Ancrages préférentiels

Il nous reste à illustrer la notion de « synchronisation », et plus précisément celle des postures, qui, rappelons-le, constitue notre premier point clé. En effet, cette troisième grande composante des techniques de PNL est tout à fait caractéristique de l'esprit de la PNL mais surtout elle est très facile à mettre en œuvre par quiconque cherche à améliorer sa communication avec les autres.

2. La synchronisation des postures (notre premier point clé)

Nous avons compris que la PNL vise essentiellement à nous mettre sur la même « longueur d'onde » que notre interlocuteur. Cet effort de synchronisation peut se développer à différents stades en fonction du niveau d'observation voire d'entraînement acquis à ce propos. Ainsi, nous avons tous déjà remarqué que lorsqu'on est en confiance avec un interlocuteur, lorsqu'on est « en phase » avec lui, on a spontanément tendance à croiser les jambes comme lui et même à adopter son langage gestuel. La PNL nous recommande de systématiser ce mimétisme comportemental en reflétant la posture et les gestes de notre interlocuteur, sans pour autant le singer.

Cette synchronisation des postures, tout le monde est capable de la pratiquer avec discernement et sans entraînement particulier. C'est la raison pour laquelle je l'ai retenue comme notre premier point clé. On peut aller plus loin dans la synchronisation, mais alors cela demandera un minimum de formation et quelque entraînement. Notamment, on pourra s'accorder avec la respiration, le ton et le volume de la voix de l'interlocuteur, utiliser des mots qu'il comprend aisément (visuels, auditifs, kinesthésiques).

3. Exemples de synchronisation des postures pris dans la vie courante

Quelques représentations de postures fréquentes vont nous initier d'emblée à ce premier stade de la synchronisation.

Regardons attentivement les croquis suivants qui mettent en scène des interlocuteurs de tous âges dont les postures sont bien synchronisées. Les croquis sont très démonstratifs et valent tous les commentaires.

Au contraire, le dernier croquis (*figure 9*) montre trois interlocuteurs dont les postures ne sont pas synchronisées. On mesurera alors la différence que cela introduit dans le « climat » de l'entretien.

Les postures des trois personnages représentés sur la figure 9 sont loin d'être synchronisées… Le personnage de gauche chevauche sa chaise, pour impressionner. Il veut prendre le contrôle de la situation, mais n'y arrive pas. Ses pieds sous la chaise sont noués, ses doigts serrés. Il doit ressentir une grande frustration. Et pour cause, l'homme sur la droite, lui aussi assis sur une chaise, a les bras et les jambes croisés et serrés, ce qui correspond à une attitude défensive. Tête baissée (ce qui exprime l'hostilité), il ne s'en laisse pas conter. Quant au troisième lar-

Olivier Thouvenin D. R.

Les adolescents se synchronisent spontanément dans beaucoup de leurs rencontres.

Figure 5A

Des personnes amoureuses se synchronisent fréquemment d'une façon spontanée.

Olivier Thouvenin D. R.

Figure 5B

Exemple de synchronisation spontanée.

Olivier Thouvenin D. R.

Figure 6

Olivier Thouvenin D. R.

Exemple de personnes synchronisées.

Figure 7A

Peter Cox D. R.

Figure 7B

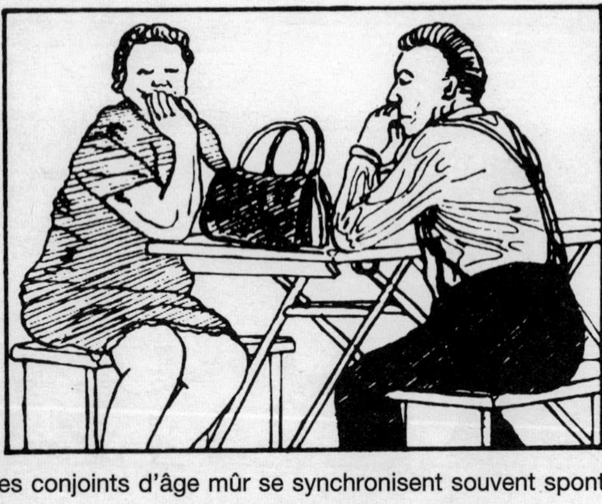

Olivier Thouvenin D. R.

Des conjoints d'âge mûr se synchronisent souvent spontanément.

Figure 8A

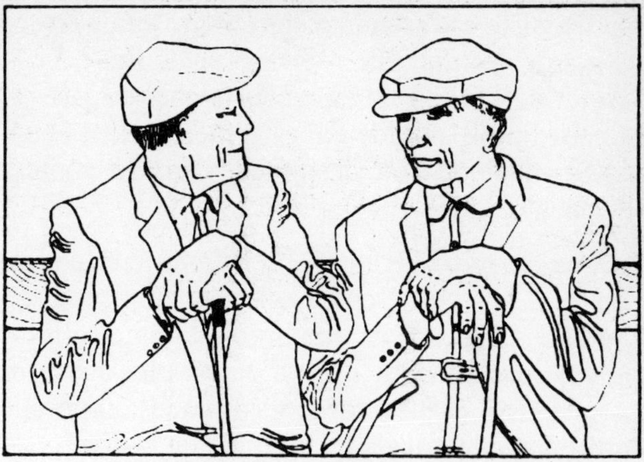

Olivier Thouvenin D. R.

Exemple de synchronisation spontanée.

Figure 8B

Peter Cox D. R.

Figure 9

ron, il assiste à la scène les deux mains sur la tête (ce qui est une attitude de « chef » sûr de lui, avec un petit air de « je sais tout ») et les jambes croisées « à l'américaine », attitude qui est généralement perçue comme quelque peu désinvolte dans le contexte européen.

Nous avons préalablement observé plusieurs couples dont les postures sont bien synchronisées. Par contraste, l'absence de synchronisation de celles du trio qui nous intéresse saute d'autant plus aux yeux. Ils sont « mal partis » car leurs attitudes corporelles amplifient, à leur insu, le différend ou la divergence qui les oppose…

Quelques recommandations

Bien entendu, ce préliminaire en vue de la construction progressive d'une bonne communication ne doit pas être manié à tort et à travers, c'est-à-dire systématiquement et quels que soient la situation, et surtout le statut de l'interlocuteur. Il ne s'agit pas d'une recette passe-partout ou d'un simple truc (abréviation de « trucage »…) amusant voire désopilant à utiliser… Et donc, le discernement s'impose. Ce dernier sera d'ailleurs facilement mis en œuvre dans la mesure où l'on respecte la personnalité de son interlocuteur.

Dans tous les cas et dans un premier temps, il convient d'observer un tant soit peu et tranquillement l'interlocuteur, sans a priori et sans technique particulière, en nous laissant porter par notre curiosité naturelle face à la rencontre. En effet, celle-ci comportera toujours une part d'inconnu, même avec quelqu'un que nous connaissons déjà plus ou moins, voire avec un familier. C'est bien après qu'auront été échangées, dans un deuxième temps, les indispensables politesses, banalités ou formalités d'usage qu'il devient possible de commencer à se préoccuper de la synchronisation des postures.

Dans la pratique, il convient d'attendre que la situation et le ton de la discussion permettent aux deux interlocuteurs d'être physiquement assez proches l'un de l'autre. A supposer qu'un imposant bureau directorial les sépare et qu'en plus l'important personnage qui l'occupe déploie tous les fastes de sa position, il est bien évident qu'à ce stade il serait tout à fait prématuré de se lancer tête baissée dans une quelconque synchronisation…

Afin de maîtriser rapidement la synchronisation des postures, prenez la précaution de procéder en **trois étapes** toutes simples :
1 - Observez les postures d'un bon nombre de couples.
2 - Appliquez le procédé avec des personnages de l'entourage familial, puis du cercle amical.
3 - Généralisez au contexte relationnel et professionnel.

Une fois que vous manierez facilement (et à bon escient !…) la synchronisation des postures, vous pourrez compléter et consolider par la *synchronisation verbale*. En l'occurrence, il ne s'agit pas d'imiter la manière de s'exprimer de votre interlocuteur, mais de chercher à se rapprocher de ses composantes vocales, c'est-à-dire :

— le ton de la voix (grave/aigu, ample, pointu) ;
— le volume (fort ou faible) ;
— le timbre de la voix ;
— le rythme (lent ou rapide) ;
— les mots soulignés (ceux que l'interlocuteur accentue).

4. Références techniques concernant la PNL et les postures

Bibliographie spécifique

— *La Communication efficace par la PNL*
René DE LASSUS, Marabout n° 3510, 1992.

— *Efficace et épanoui par la PNL*
René DE LASSUS, Marabout n° 3563, 1996.

— *Comprendre la PNL*
Catherine CUDICIO, Les Editions d'Organisation, 2e tirage, 1997.

— *Maîtriser l'art de la PNL*
Catherine CUDICIO, Les Editions d'Organisation, 2e tirage, 1997.

— *La PNL appliquée à la négociation*
Chantal SERVA, ESF Editeur (n° 86), 1991.

— *Les Nourritures affectives*
Boris CYRULNIK, Editions Odile Jacob, 1993.

— *Interpréter les gestes et mimiques, les attitudes*
Allan PEASE, Marabout n° 3555, 1996.

Adresses utiles : organismes proposant une formation à la PNL

— CEGOS
204 rond-point du Pont de Sèvres,
92516 Boulogne-Billancourt
Tél. : 01 46 20 60 60

— CNOF
Immeuble Litwin, 10 rue Jean Jaurès,
92807 Puteaux
Tél. : 01 47 76 43 79

— CSP
66 rue La Fayette,
75009 Paris
Tél. : 01 42 46 89 99

— GIMCA
130 rue La Fayette,
75010 Paris
Tél. : 01 48 24 27 27

— EM 2000
tour Helsinki, 70 avenue d'Ivry,
75013 Paris
Tél. : 01 45 85 02 69

— Repère
78 avenue du Général Michel Bizot,
75012 Paris
Tél. : 01 43 46 00 16

— Stratégique
22 bis rue de la Glacière,
75013 Paris
Tél. : 01 43 36 18 00

— CFIP
131, avenue Gribaumont,
B - 1200 Bruxelles
Tél. : 02 770 50 48

POINT CLÉ N° 2 :

L'observation du « mouvement dominant » sur un visage

Le visage est une voie d'accès à l'inconscient personnel…

1. Mise en perspective de l'approche morphopsychologique de référence

Tout d'abord, évoquons rapidement l'évolution de la pratique de la morphopsychologie. En simplifiant, on peut distinguer principalement trois manières d'étudier un visage en vue d'en tirer des conclusions sur la personnalité de l'intéressé.

Première manière : l'approche analytique

Durant la deuxième moitié du XVIIIe siècle, Johann Lavater (écrivain, penseur et théologien suisse d'expression allemande) rassembla toute une série d'observations faites depuis l'Antiquité et par lui-même dans son ouvrage intitulé *Essais physiognomoniques*. Pour l'essentiel, à chaque élément ou trait du visage, il faisait correspondre une caractéristique comportementale. Il avait eu le mérite d'inaugurer la recherche systématique en morphopsychologie mais sa démarche très pointilliste ne permettait pas du tout d'avoir une vue d'ensemble des grandes lignes de fonctionnement d'une personnalité.

A l'heure actuelle, quelques ouvrages (généralement volumineux et extrêmement détaillés) s'inscrivent encore dans cette démarche totalement dépassée et même dangereuse à certains égards. C'est du genre : le fait d'avoir un nez ayant tel aspect signifie tel trait de caractère (extrêmement précis !...). Tous les éléments du visage sont ainsi passés au crible. On arrive alors à un kaléidoscope de traits de caractère, chaque trait attribué étant plus qu'approximatif. Mais surtout, l'ensemble n'a généralement aucune cohérence et ne permet pas d'appréhender d'une part l'unité d'une personnalité, et d'autre part les grandes lignes de son fonctionnement dynamique.

Deuxième manière : l'approche typologique

Un certain nombre de types-jalons ont été définis et servent de points de repère pour décrire les grands traits de caractère d'une personne. Deux grandes typologies ont été et sont parfois encore utilisées :

- **La typologie hippocratique** qui distingue quatre « tempéraments » : le sanguin, le bilieux, le nerveux et le lymphatique. Cette classification, fort ancienne, est issue des observations physiologiques du médecin grec Hippocrate (– 460 à – 377 avant J.-C.). Celui-ci avait identifié dans le corps humain quatre « humeurs » : le sang, la lymphe, la bile jaune et la bile noire (ou atrabile) : on attribuait à cette dernière les accès de mélancolie et d'hypocondrie. La prédominance de l'une ou de l'autre de ces humeurs correspondait à un des quatre tempéraments de base s'exprimant plus particulièrement au niveau du visage : sanguin, lymphatique, bilieux et nerveux.

Pour mémoire, le docteur Paul Carton a développé et approfondi la typologie hippocratique (cf. *Diagnostic et conduite des tempéraments*, Librairie Le François, 1961) en hiérarchisant, au sein d'une même personne, chacune des quatre composantes hippocratiques. Ainsi, celle-ci pourra être qualifiée, par ordre d'importance pour ce qui concerne son comportement, de : (1) bilieuse, (2) sanguine, (3) nerveuse, (4) lymphatique. Cette approche constitue donc déjà une avancée intéressante.

- **La typologie astrologique**

Celle-ci s'appuie sur huit profils-repères, opposés deux à deux quant à l'aspect physique de leur visage, et donc pour ce qui concerne leur comportement :
— Mars-Vénus ;
— Terre-Mercure ;
— Jupiter-Saturne ;
— Soleil-Lune.

Cette étonnante et intéressante approche est évoquée dans l'un des nombreux ouvrages du docteur Louis Corman (*Nouveau Manuel de morphopsychologie*, Stock). Comme pour la typologie hippocratique, cette technique s'efforce de hiérarchiser sur un visage les principales composantes astrologiques qui y affleurent…

Nous ne précisons pas les caractéristiques psychologiques correspondant à chaque type hippocratique ou astrologique, car ce n'est pas l'objet du présent point clé.

A ces deux typologies qui s'intéressent aux visages, signalons, au passage, qu'il s'en ajoute d'autres prenant en compte l'ensemble du corps (à partir d'observations biologiques et physiologiques tout à fait sérieuses) :
— Anabolique et catabolique de Viola et Pende (Italie).
— Pycnique, asthénique, leptosome et dysplastique d'Ernst Kretschmer (Allemagne).
— Respiratoire, musculaire, cérébral et digestif de Claude Sigaud (France).

> A noter que cette dernière classification présente beaucoup de points communs avec la typologie hippocratique : En effet,
> respiratoire = sanguin ;
> musculaire = bilieux ;
> cérébral = nerveux ;
> digestif = lymphatique.

— Viscéro-tone, somato-tone, cérébro-tone de William Herbert Sheldon (Etats-Unis).

L'approche globale (ou « holistique ») et fonctionnelle

C'est, bien entendu, l'approche la plus récente et la plus riche de fructueux développements, par conséquent celle à laquelle se réfère le deuxième point clé qui nous intéresse.

Cette approche est globale car elle s'appuie sur une loi générale dont elle tire toute une série de déductions logiques. Par ailleurs, cette approche est fonctionnelle car elle permet d'appréhender les grandes lignes de force qui structurent en profondeur une personnalité et donc, précisément, d'en comprendre le mode de fonctionnement.

C'est le docteur Louis Corman (1900-1995) qui a donné cette impulsion décisive à la morphopsychologie, la hissant progressivement au rang de science humaine à part entière, cela à travers une dizaine d'ouvrages de référence (écrits durant cinquante ans, entre 1935 et 1985) et de très nombreux articles.

Louis Corman s'est inspiré de la loi de « dilatation-rétraction » des organismes vivants, énoncée par Claude Sigaud déjà cité. Dans ce cadre objectif solide et incontestable et à partir de ses innombrables observations de médecin traitant, il façonna une remarquable méthode d'observation des visages permettant de raisonner tout à la fois dans le détail et en synthèse.

Comme le précise le docteur Louis Corman dans son ouvrage précédemment cité :

« Claude Sigaud s'était élevé de ses observations cliniques à une loi morpho-biologique fondamentale : il avait démontré qu'en milieu favorable, d'adaptation facile, la forme humaine s'épanouit, se dilate, *tandis qu'en milieu nocif, d'adaptation difficile, elle se recroqueville sur elle-même,* se rétracte. *Il insistait — et c'est là selon moi une de ses découvertes essentielles — sur le fait que cette rétraction n'est en rien comparable à une atrophie, à une perte de vitalité, qu'elle n'est pas un phénomène passif mais un phénomène actif, traduisant une* hypersensibilité de défense *corrélative d'un haut degré de vitalité. J'ai fait, comme je l'ai dit plus haut, un grand pas en avant quand j'ai découvert que dilatation et rétraction exprimaient dans la structure visible de l'être le double mouvement des instincts antagonistes d'expansion et de conservation. »*

Pour faciliter le travail d'observation, dans un premier temps, Louis Corman dégagea **cinq types-jalons** : dilaté, rétracté, rétracté de base, rétracté latéral et rétracté bossué. Mais, en fait, son approche va bien au-delà d'une simple typologie (forcément schématique et donc « réductrice »). En effet, elle permet, concernant toute personne prise en particulier, de porter un diagnostic non seulement précis et pertinent mais aussi dynamique puisque basé sur la prise en compte de l'équilibre des forces internes de dilatation et de rétraction clairement appréciées.

Au fil de son extraordinaire expérience de praticien, L. Corman réussit à intégrer à son approche de nombreuses données de la psychologie des profondeurs. Ainsi, il permit à la morphopsychologie de prendre une place respectable au sein de l'immense champ des travaux de la psychologie moderne. A ce propos, il est évident que les détracteurs (sentencieux ou indignés) de la morphopsychologie n'ont jamais pris la peine de lire ses remarquables ouvrages. C'est fort dommage pour leur culture personnelle mais, en outre, cela constitue, hélas, une forme de malhonnêteté intellectuelle.

La Société Française de Morphopsychologie (SFM) œuvre dans la ligne des géniales intuitions et des très nombreux travaux du docteur L. Corman. Par ailleurs, l'Institut de Morpho-Psychologie Appliquée (IMPA), dans le prolongement des découvertes de L. Corman, a élaboré une technique basée essentiellement sur l'utilisation (très méthodique, prudente et accessible à tous) des principaux concepts psychanalytiques, ce qui permet d'accéder aux motivations conscientes et inconscientes.

2. L'observation du « mouvement dominant » sur un visage avec quelques exemples (notre deuxième point clé)

De manière assez étonnante, les concepts de base auxquels se réfère la morphopsychologie (moderne et sérieuse parce qu'expérimentale) sont fort simples dans leur principe alors que les conséquences qui ont été (progressivement et méthodiquement) tirées permettent une compréhension très profonde du mode de fonctionnement et donc de la dynamique d'une personnalité toujours fort complexe à appréhender.

Pour l'essentiel, une attention extrême est portée à **quatre « mouvements »** qui peuvent être observés d'une part sur un visage dans sa globalité (ce qui est à la portée de tout le monde), et d'autre part sur les différentes parties de ce même visage (ce qui demande un entraînement spécifique). En quoi consistent donc ces fameux quatre mouvements ?

A noter, au préalable, qu'ils ne sont que des variantes de l'interface, toujours fluctuant, entre un organisme et son milieu ambiant. Autrement dit, la distinction, l'isolement de chacun de ces quatre mouvements qui en réalité sont toujours plus ou moins présents sur un visage est une « abstraction pratique » qui permet de raisonner, de disposer d'une (excellente) « grille de lecture » d'un visage.

• Le premier mouvement est **la « dilatation »**, c'est-à-dire la tendance d'un organisme (et plus précisément du visage ou d'une partie de ce visage) à l'expansion naturelle à occuper un important volume d'espace et donc à se dilater.

• Le deuxième est **la « rétraction »** : c'est très exactement la tendance inverse de la précédente (cf., ci-dessus, le commentaire de L. Corman).

• Le troisième mouvement est **la « rétraction frontale »**. C'est une première variante de la rétraction générale précédente. Dans ce cas, tout se passe comme si l'organisme avait rencontré un obstacle frontal, comme s'il s'était heurté à un mur. C'est-à-dire que son expansion s'est trouvée entravée mais pas de tous côtés, seulement sur un front précisément.

• Enfin, le quatrième mouvement est **la « rétraction latéralc »**, deuxième variante de la rétraction générale. Dans ce nouveau cas particulier, et pour utiliser encore une image, on peut considérer que l'organisme, situé dans un contexte général de rétraction, a néanmoins trouvé une sorte de « porte de sortie » dans une direction très privilégiée et qu'il s'y engouffre.

Afin d'illustrer concrètement ces quatre notions de base, nous allons prendre **de nombreux exemples** en commençant par le plus simple, c'est-à-dire l'observation de chacun de ces quatre mouvements sur un visage pris dans son ensemble, dans sa globalité (« le cadre » du visage, en termes techniques, et plus précisément : le cadre osseux). L'observation faite, nous passerons ensuite au diagnostic, c'est-à-dire à l'interprétation psychologique.

Bien entendu, le cadre d'un visage comporte généralement les quatre mouvements, c'est-à-dire des « éléments » de dilatation, de rétraction, de rétraction de front et de rétraction latérale. Tout l'intérêt de l'observation est de repérer le « mouvement dominant » (ce qui, rappelons-le, est assez facile et ne demande pas un entraînement particulier), puis d'être capable d'identifier les trois autres mouvements par ordre d'importance décroissante, ce qui, par contre, réclame déjà un certain entraînement. Ainsi, on procède donc à la « hiérarchisation » des quatre mouvements.

A noter tout d'abord que l'observation du cadre osseux nécessite *deux « coups d'œil »* : un de face et l'autre de profil. Il faut donc s'arranger pour regarder son interlocuteur sous ces deux angles différents. C'est une petite gymnastique simple à pratiquer, amusante et très instructive à la fois.

L'observation conjointe de face et de profil permet d'apprécier le volume du cadre et donc d'identifier les deux premiers mouvements : la dilatation d'une part et la rétraction d'autre part. Pour déterminer les deux autres mouvements, c'est-à-dire la rétraction frontale d'une part (ce qui donne un « cadre vertical ») et la rétraction latérale d'autre part (ce qui correspond à un « cadre en avancée »), il suffit de s'intéresser au profil.

Les croquis suivants (de Renata Lahalle) sont tous extraits de l'ouvrage pratique *Convaincre grâce à la morphopsychologie* de Brigitte Guthmann et Pierre Thibault, Marabout n° 3574, 1997.

Cadre dilaté ou cadre rétracté ?

Pour répondre à cette question, on va examiner (de face) si le cadre est large ou étroit et (de profil) s'il est profond ou non (cf. les croquis de la *figure 9*). Pour mémoire, un cadre large est proche du carré ou du carré-rond (avec une ossature solide), alors qu'un cadre étroit est allongé avec une ossature plus ou moins fine. Observez avec attention les visages empâtés car ils ne correspondent pas forcément à un cadre (osseux) dilaté.

Du cadre le plus profond au moins profond.

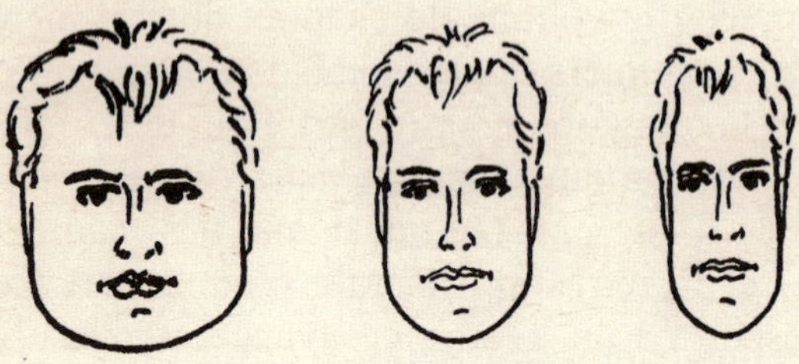

Du cadre le plus large au plus étroit.

Figure 9

Un cadre à la fois large et profond sera qualifié de « dilaté » (cf. le croquis de la *figure 10*).

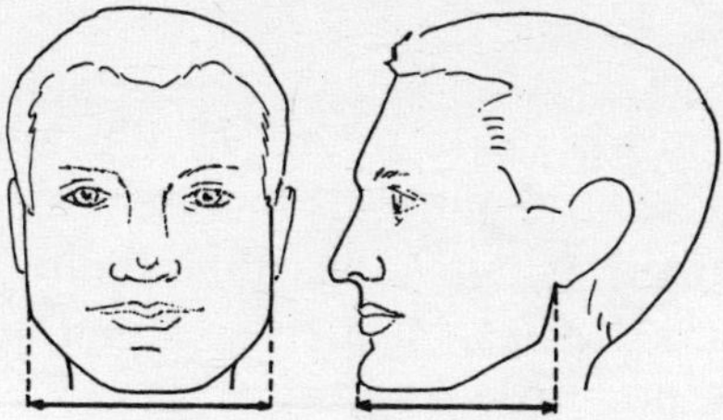

Cadre large et profond.

Figure 10

Par contre, un cadre à la fois étroit et peu profond sera appelé « rétracté » (cf. le croquis de la *figure 11*).

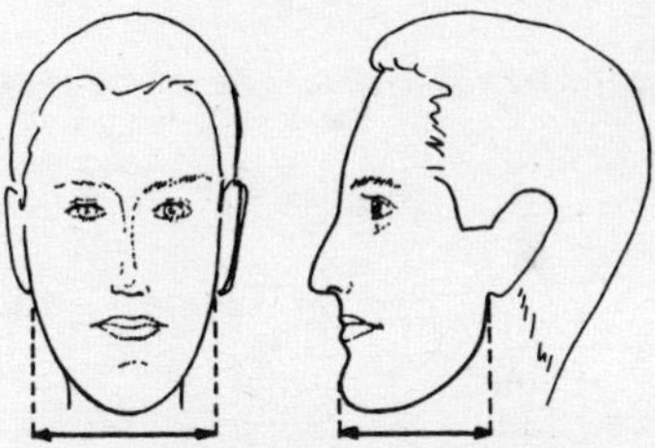

Cadre étroit et peu profond.

Figure 11

Bien entendu, existent les variantes intermédiaires comme, par exemple, le cadre large et peu profond (et donc « moyennement » dilaté) ou le cadre étroit et profond (autrement dit, moyennement rétracté), etc.

Cadre rétracté latéral (= en avancée) ou cadre rétracté de front (= vertical) ?

Les cinq profils de la *figure 12* illustrent bien la question posée. En outre, ils montrent bien qu'il y a tous les intermédiaires possibles entre ces deux mouvements de base, lesquels sont pratiques à utiliser comme points de repère.

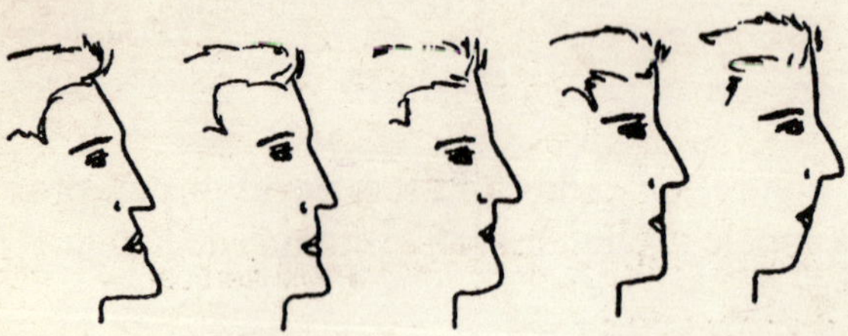

Différents degrés d'avancée et de verticalité.

Figure 12

Un cadre typiquement rétracté latéral (ou en avancée marquée) est celui représenté sur la *figure 13*. C'est un profil « aérodynamique » en quelque sorte (par rapport à la « ligne de profil » qui est la verticale passant par la racine du nez).

Un cadre typiquement rétracté de front (ou vertical) est suggéré sur la *figure 14*. Dans ce cas, le profil général du visage tend à se confondre avec la ligne de profil définie ci-dessus.

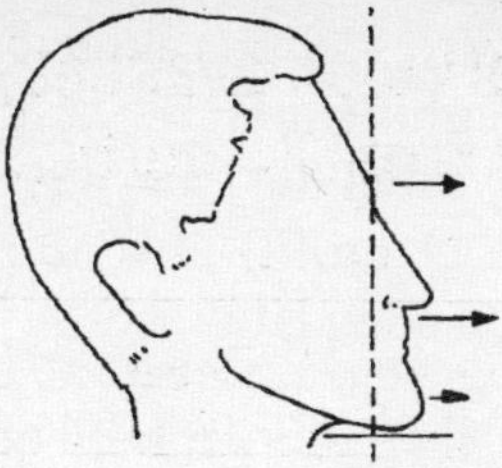

Profil en avancée, « aérodynamique ».

Figure 13

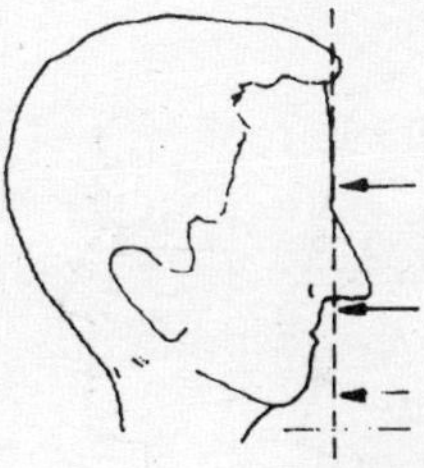

Profil vertical.

Figure 14

La signification de chacun des quatre mouvements au cadre

Le cadre renseigne sur les besoins basiques et fondamentaux, les pulsions profondes et généralement inconscientes d'une personne. C'est la raison pour laquelle nous avons sélectionné à titre de deuxième point clé l'ensemble observation-interprétation de cette composante capitale d'un visage. En outre, c'est l'observation la plus facile à effectuer dans les situations de la vie courante, puisqu'elle porte sur la globalité de la tête. Par contre, l'observation d'autres composantes (ou détails significatifs) nécessite pratiquement d'une part de travailler sur une photo d'excellente qualité (face et profil) et d'autre part d'avoir suivi une formation adéquate.

Le tableau récapitulatif et explicatif des trois grands besoins fondamentaux liés à chacun des quatre mouvements de base est extrait de l'ouvrage *Se connaître par la morphopsychologie* de Brigitte Guthmann (Marabout n° 3525).

On notera que pour faciliter le repérage et la mémorisation, il a été indiqué, pour chacun des quatre mouvements, *trois qualificatifs* qui caractérisent le mieux les trois besoins correspondants (plus ou moins inconscients) :

— Dilatation (D) du cadre = quantité - hyposensibilité - puissance ;
— Rétraction (R) du cadre = qualité - hypersensibilité - sécurité ;
— Rétraction latérale (RL) du cadre = accélérateur - conquête - improvisation ;
— Rétraction de front (RF) du cadre = ralentisseur - rétention - prévision.

DILATATION (D) DU CADRE	RÉTRACTION (R) DU CADRE
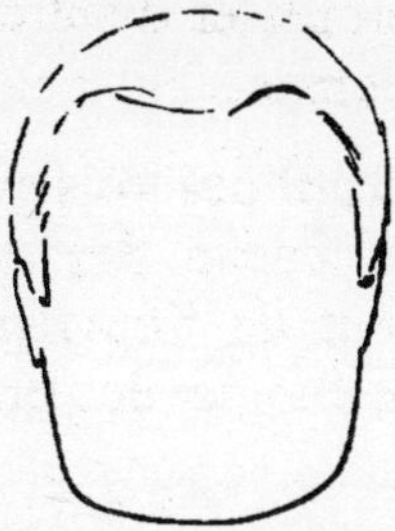	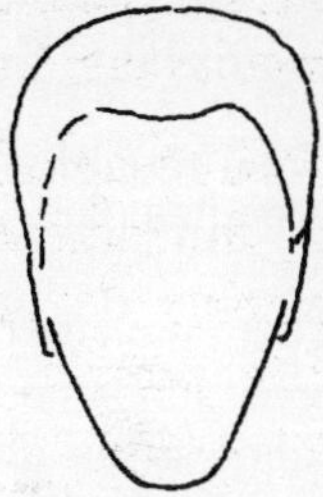
Quantité - Hyposensibilité - Puissance.	Qualité - Hypersensibilité - Sécurité.
▶ La **dilatation (D)** a besoin de posséder **quantité** de bien, d'avoir une quantité de relations. La dilatation des mâchoires, notamment, donne à l'individu un sens affirmé du concret et souvent des ambitions matérielles importantes.	▶ La **rétraction (R)** oriente l'individu vers la recherche de **qualité** comme but prioritaire. Il se sent plus à son aise au milieu d'un petit cercle de gens « de sa qualité ». Un environnement grossier peut l'indisposer profondément. Il lui préférera de toute façon la solitude car il se ressource dans le repli.
▶ La **dilatation (D)** du cadre désigne une **hyposensibilité** et un flegme de fond, qui donnent une stabilité à l'individu mais le rendent moins réactif : il a besoin de stimulations fortes pour réagir. Il est généralement dur au mal mais,	▶ La **rétraction (R)** exprime au contraire **l'hypersensibilité**. Comme le roseau, l'individu réagit intensément aux plus petites stimulations. Il ressent déjà la douleur avant qu'on l'ait touché. Il est souvent d'apparence plus fragile que la

comme le chêne, il manque de souplesse et peut craquer au moment où l'on s'y attend le moins. Comme cet individu est plus long à sentir les premières alertes de la maladie, il vit souvent moins longtemps.

▶ La **dilatation (D)** dénote un besoin fondamental de **puissance** et de domination. Ce besoin cherche à s'affirmer coûte que coûte et l'individu dispose d'une grande quantité d'énergie. Il peut s'utiliser pour s'imposer à son entourage mais il peut aussi s'en servir pour développer une grande maîtrise de lui-même.

personne au cadre dilaté, mais, en réalité, comme il se soigne à temps et pratique l'économie de ses forces, il vit généralement plus longtemps. Il souffre davantage, mais connaît aussi des plaisirs subtils.

▶ La **rétraction (R)** traduit un besoin profond de **sécurité**, lié à un sentiment de fragilité, qui pousse l'individu à s'économiser et à s'entourer de toutes sortes de précautions. L'efficacité de ses performances peut se dégrader très rapidement s'il se sent en insécurité. Ce besoin peut le pousser à se réfugier dans des systèmes.

RÉTRACTION LATÉRALE (RL) DU CADRE	RÉTRACTION DE FRONT (RF) DU CADRE
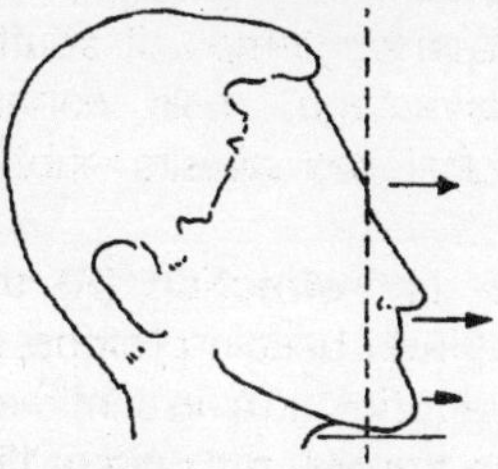	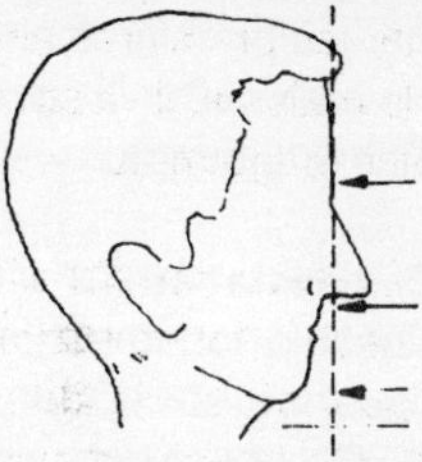
Accélérateur - Conquête - Improvisation.	Ralentisseur - Rétention - Prévision.
▶ Elle joue comme un **accélérateur** des tendances de l'individu. Elle dynamise les fonctions mentales et les forces de réalisation. La pensée se transforme en torrent d'idées, sans cesse renouvelées. Ce mouvement, situé à l'étage inférieur, signale la disponibilité d'un potentiel de rapidité d'exécution.	▶ Elle s'apparente à un **ralentisseur** : elle ralentit les prises de décision de l'individu, car elle exige systématiquement un approfondissement de la réflexion. Elle ralentit de la même façon les forces de réalisation.
▶ Elle pousse l'individu sans arrêt vers de nouvelles **conquêtes**. L'individu est motivé pour les aventures de pionnier, dans des domaines tournés vers le futur. Il aime défricher des terrains vierges. Le risque le stimule. Par contre,	▶ Elle signifie **rétention** : l'individu est poussé à garder, à conserver, à retenir. C'est souvent un passionné des collections de toute nature. Il accumule les informations et possède souvent une mémoire encyclopédique. Il aime se

la routine et la gestion du quotidien l'épuisent, et dès qu'il commence à réussir une entreprise, il lui faut trouver de nouvelles opérations à effectuer. Il prend plaisir à conquérir les autres et à les entraîner à sa suite. ▶ L'individu a besoin d'**improviser** en permanence. La vie doit être un renouvellement perpétuel. C'est quand il doit improviser que l'individu est le plus brillant. Le changement le revitalise.	tourner vers le passé pour en tirer des leçons. Particulièrement apte à organiser et gérer, l'individu mémorise des méthodes pour ce faire. ▶ L'individu a besoin de **prévoir**, même l'imprévisible. Cette motivation fait développer des aptitudes au calcul et des exigences de rigueur. L'individu essaie de prévoir tous les risques et de se préparer à toutes les éventualités. Il a le goût du parfait et déteste changer ses habitudes.

A la lecture de ce tableau synthétique, on comprend aisément que lors d'une discussion, par exemple, on n'abordera pas du tout de la même manière, on utilisera des arguments très différents, suivant que l'on aura affaire à quelqu'un dont le cadre est essentiellement dilaté (D), ou rétracté (R), ou en rétraction latérale (RL) ou encore en rétraction de front (RF).

Rappelons que les quatre mouvements sont généralement présents dans un même cadre mais que, le plus souvent, l'un prédomine sur les trois autres, ce que l'on peut observer assez facilement (c'est notre deuxième point clé). Bien entendu, parfois le mouvement dominant n'est pas évident d'emblée. Dans ce cas, inutile de s'énerver, le plus sage est de laisser de côté ce point clé.

Avec de l'entraînement, on devient assez vite capable de « hiérarchiser » les quatre mouvements au cadre, c'est-à-dire de les classer par ordre d'importance décroissante. A partir de là, nous allons au-delà de notre deuxième point clé puisque cela suppose une formation appropriée.

3. Un cas concret

Afin de donner un aperçu concret sur les possibilités de l'approche IMPA, un exemple de cette hiérarchisation vous est donné sur un visage de face (cf. la *photo 1*) et de profil (cf. la *photo 2*).

Mouvement 1 : R = rétraction : cadre étroit et de profondeur moyenne + ossature fine.
Mouvement 2 : RL = rétraction latérale : avancée des étages supérieur et moyen, ainsi que d'une partie de l'étage inférieur.
Mouvement 3 : RF = rétraction frontale : menton un peu en retrait et légère convexité du nez.
Mouvement 4 : D = dilatation : expansion uniquement de l'étage supérieur.

Dans cette configuration, les deux premiers mouvements (qui sont les plus importants) correspondent à des besoins contradictoires (cf. le tableau récapitulatif). Tel Janus, le comportement de l'intéressé manifestera donc « deux faces », dont l'interlocuteur devra tenir compte conjointement ou alternativement suivant les situations. Pour ce qui le concerne, l'intéressé sera quelque peu écartelé entre des besoins de sens contraire. Ainsi, il devra gérer de fortes « tensions » internes.

Mais, comment cela va-t-il se traduire chez lui ?

C'est en observant les « récepteurs » (c'est-à-dire les yeux, le nez et la bouche, à l'exclusion des oreilles qui ne présentent pas d'intérêt particulier) que l'on pourra répondre à cette question. Ainsi, l'intéressé « gérera » d'autant mieux les tensions évoquées que les quatre mouvements (toujours les mêmes) seront présents au niveau de chacun de ses trois récepteurs. Et c'est la hiérarchie des mouvements (on revient sans cesse à ce concept pratique) qui indiquera quelle catégorie de besoins a le plus de chances d'être satisfaite.

Si les récepteurs sont plutôt marqués de R (rétraction) ou de RF (rétraction de front), c'est le besoin de sécurité qui sera privilégié au détriment du besoin de conquête. S'ils sont plutôt en RL (rétraction latérale) ou en D (dilatation), ce sera l'inverse, c'est-à-dire le besoin de conquête au détriment du besoin de sécurité.

Dans le cas présent, deux sur les trois récepteurs sont plutôt marqués de RL : le nez principalement, qui est en avancée, et les yeux, légèrement globuleux dans leur relatif abritement.

Et l'exploration continue sur d'autres zones du visage, en se posant toujours la même question : quels mouvements sont présents, suivant quelle hiérarchie et y a-t-il opposition entre eux ?…

Ainsi, à l'étage moyen (appelé encore « étage affectif »), on constate que le nez est en RL marquée (projection vers l'avant) alors que le cadre est en RF (rétraction de front) tout aussi marquée (la portion des joues située à la verticale des yeux est en creux : il y a, plus précisément, « rétraction latéro-nasale » = RLN). Et donc apparaît une nouvelle opposition qui exprime d'autres facteurs de tension interne dans le domaine affectif : spontanéité dans les contacts et tendance à aller vers les autres (cf. RL), mais en même temps, grande retenue dans l'expression des sentiments (cf. RLN, qui est une forme particulière de RF)…

Mais alors, comment notre sujet va-t-il faire face à toutes ces tensions qui tirent à hue et à dia en lui ? Un élément de réponse sera fourni par l'examen des deux « outils du moi », autrement dit le front et la mâchoire.

En l'occurrence, ils sont « riches », c'est-à-dire que les quatre mouvements de base y sont présents. Ce qui exprime de bonnes possibilités de réflexion d'une part et de réalisation d'autre part, qui fourniront un excellent exutoire aux nombreuses tensions…

Observation du front : la dilatation générale (D) est prédominante (de face et de profil). Puis vient en deuxième position la rétraction latérale (RL) avec le front plutôt incliné et les tempes aplaties. Ensuite, on constate une certaine rétraction de front (RF), autrement dit de verticalité car l'inclinaison du front est modérée et un léger creux apparaît (de profil) au milieu du front. Enfin, on retrouve la rétraction (R) puisque le cadre, dans son ensemble, est à prédominance rétractée.

Observation de la mâchoire : la rétraction (R) est plutôt prédominante. Mais la rétraction latérale (RL) est aussi présente avec l'avancée (vue de profil), notamment de la partie supérieure, qui se trouve en avant de la ligne verticale imaginaire partant du point de jonction du nez avec le front. On observe également la rétraction de front (RF) avec la partie inférieure en léger retrait. Enfin, le quatrième mouvement de la dilatation (D) est également présent car la mâchoire (vue de face) présente une certaine largeur dans sa partie supérieure.

Ainsi, grâce à notre grille de lecture du visage pris dans son ensemble et dans ses différentes composantes, nous avançons très vite dans la connaissance du mode de « fonctionnement » d'une personnalité… Et, dans le cas qui nous intéresse, nous n'avons même pas abordé le terrain des « complexes » ni celui de la délicate « cohabitation » du Moi avec les injonctions du Surmoi, les pulsions du Ça et les contraintes de l'environnement, etc.

Sur ce simple exemple, nous constatons que l'identification et la hiérarchisation des quatre mouvements uniquement au niveau du cadre osseux nous fournissent déjà des informations précieuses et précises. En outre, elles nous renseignent non seulement sur la composante statique de la personnalité (l'aspect caractérologique), mais aussi sur la composante dynamique (les tensions, qui soulignent les forces en jeu et les équilibres, plus ou moins stables, qui peuvent en résulter).

Par-dessus le marché, nous disposons également d'un éclairage sur une composante de l'inconscient. En effet, le cadre osseux, qui exprime les pulsions profondes, correspond au « Ça » de la psychanalyse freudienne… On imagine sans peine la richesse et la pertinence des données qui peuvent être recueillies lorsqu'on est en mesure d'apprécier la

(JPJ de face)

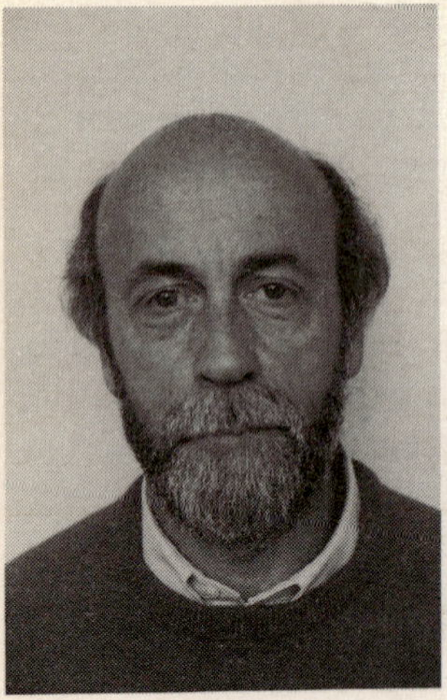

Photo 1

(JPJ de profil)

Photo 2

hiérarchisation des quatre mouvements sur d'autres composantes d'un visage connu ou inconnu, ainsi que le suggère le cas concret précédent.

Naturellement, l'observation du mouvement dominant au cadre (puis de la hiérarchie de l'ensemble des quatre mouvements) ne constitue que l'une des phases de la méthodique et passionnante étude morphopsychologique d'un visage. Mais, pour ce faire, un très sérieux travail de formation et d'entraînement pratique est évidemment nécessaire. Ainsi, la hiérarchie des quatre mouvements (toujours les mêmes, c'est-à-dire D, R, RL et RF) sera étudiée, successivement, au niveau :

— de chacun des trois « récepteurs » (yeux, nez et bouche) ;

— du cadre osseux ;
— de chacun des trois « étages » du visage :
  – le premier étage ou étage cérébral (le premier « outil du moi ») ;
  – le deuxième étage ou étage affectif ;
  – le troisième étage ou étage instinctif (le deuxième « outil du moi »).

A noter que lorsqu'on se livre à une analyse morphopsychologique en bonne et due forme d'un visage, on commence, en fait, par étudier l'organisation des quatre mouvements en priorité au niveau des trois récepteurs. En effet, ceux-ci nous renseignent sur la manière dont le moi conscient communique avec les autres et l'environnement.

En outre, il sera apprécié s'il y a ou non harmonie entre d'une part le mouvement dominant aux trois récepteurs (ou à l'un d'entre eux seulement) et d'autre part le mouvement dominant au cadre dans son ensemble (ou à l'étage correspondant au récepteur considéré).

De même, *le « modelé » des chairs* (toniques, atones grasses ou atones maigres) sera pris en considération. En effet, il est très révélateur de la manière dont nous gérons nos tensions internes au fil du temps.

Par ailleurs, lorsque les quatre mouvements (D, R, RL et RF) sont présents dans une partie du visage (récepteurs, front, mâchoire en particulier), on dira qu'elle est « riche », ce qui implique un bon potentiel de réalisation au niveau considéré (cf. le cas concret).

Ainsi donc, et c'est en soi assez extraordinaire,

la seule prise en compte de quatre mouvements simples (à l'aide, bien entendu, d'une méthode très précise et parfaitement cohérente) va permettre de dessiner les grandes lignes de force d'une personnalité et notamment celles qui sont les plus inconscientes et souvent les plus agissantes. A ce propos, les données psychanalytiques classiques seront utilisées : stades de développement, complexes (subis, compensés ou surcompensés), Moi, Ça, Surmoi, etc.

Au total, le portrait final ne sera donc pas une photographie statique mais plutôt la présentation d'une dynamique interne et personnelle et susceptible d'évolution. A cet égard, la notion de « complexe » est évoquée d'une manière très positive et non pas dans un sens péjoratif comme le laisse entendre l'utilisation habituelle du terme.

A noter que les deux ouvrages de Brigitte Guthmann auxquels il a été fait référence (et cités dans la bibliographie spécifique) présentent dans le détail et de manière très pédagogique, grâce à de nombreux croquis, la méthodologie pratique mise au point dans le cadre de l'Institut de Morpho-Psychologie Appliquée (IMPA).

Enfin, signalons que l'auteur a été formé à cette méthode dans le cadre d'IMPA et qu'il a pu en constater la remarquable pertinence, sur lui-même tout d'abord (ce qui constitue la meilleure des vérifications) et autour de lui sur de nombreuses personnes qu'il connaît bien de longue date (ce qui équivaut à une véritable expérimentation, n'en déplaise aux esprits chagrins ne jurant que par les méthodes statistiques et mathématiques des sciences dites « dures »...).

4. Références techniques sur la morphopsychologie

Bibliographie spécifique

Une sélection des nombreux ouvrages du docteur Louis CORMAN (portraits de Protopazzi) :

— *Quinze Leçons de morphopsychologie*, Stock, 1953.

— *Nouveau Manuel de morphopsychologie*, Stock, 1966.

— *Le Diagnostic de l'intelligence par la morphopsychologie*, PUF, 1970.

— *Connaissance des enfants par la morphopsychologie*, PUF, 1975.

— *Visages et caractères*, PUF, 1985, 3e édition augmentée, 1991.

Les trois ouvrages de Brigitte GUTHMANN (croquis de Renata Lahalle pour les deux derniers) :

— *Le Visage, voie royale vers l'inconscient*, Georges BILLARD-MADRIÈRES et Brigitte GUTHMANN (avec la collaboration de Jean-Paul JUÈS), Montorgueil, 1992.

— *Se connaître par la morphopsychologie* (avec la collaboration de Jean-Paul JUÈS), Marabout n° 3525, 1995.

— *Convaincre grâce à la morphopsychologie* (avec en co-auteur : Pierre THIBAULT), Marabout n° 3574, 1997.

A noter que les manuels de L. Corman sont rédigés de manière plutôt littéraire tandis que les ouvrages de B. Guthmann le sont d'une façon plus didactique ainsi qu'explicative. Tous comportent de très nombreux croquis et photos.

Adresses utiles

L'enseignement de la morphopsychologie est assuré essentiellement par deux organismes particulièrement sérieux et qualifiés :

— La Société Française de Morphopsychologie (SFM) qui prépare à un diplôme, publie trimestriellement *La Revue de morphopsychologie* et organise des conférences d'excellent niveau.
Vice-présidente et secrétaire générale : Martine Boulart
5 rue Las Cases, 75007 Paris. Tél. : 01 47 01 57 39.

— L'Institut de Morpho-Psychologie Appliquée (IMPA), qui prépare à un diplôme (comportant un enseignement psychologique) et organise des stages de formation appliqués à différents domaines.
Directrice et secrétaire générale de l'Institut : Brigitte Guthmann.
138 rue du Maréchal Foch, 95150 Taverny.
Tél. : 01 39 32 98 39.

RÉCAPITULATIF DES DEUX PREMIERS POINTS CLÉS

1er point clé :
Synchroniser sa posture sur celle de son interlocuteur

Geste d'accueil, d'ouverture, de bonne volonté supposant d'avoir fait un premier et simple effort d'observation de l'autre.

2e point clé :
Déceler sur le visage de l'interlocuteur le mouvement dominant au visage

Deuxième temps de l'effort d'observation du vis-à-vis amenant à s'intéresser à sa personnalité afin d'en tenir compte pour la suite.

DEUXIÈME PARTIE

LES TROIS POINTS CLÉS CONVERSATIONNELS

Les points clés basés sur l'attention portée aux paroles d'autrui.

— **Point clé n° 3** : la « reformulation » du discours de l'autre.

— **Point clé n° 4** : les « transactions positives » entre deux personnes.

— **Point clé n° 5** : l'« écoute active » et le « message-je ».

Nos quelques points de repère physiques, simples mais significatifs, sont maintenant pris. De la sorte, nous avons préparé le terrain et déjà glané, sans peine et presque avec gourmandise, des observations préliminaires intéressantes. Ainsi, nous avons pris confiance dans notre perspicacité. Nous voilà donc prêts, tout naturellement, à nous aventurer sur le terrain un peu plus délicat mais tout aussi passionnant du décryptage du discours de notre interlocuteur. Ayant compris l'essentiel de ce qu'il nous dit, nous serons alors en mesure d'entamer une communication à deux. Celle-ci pourra ne pas être toujours facile mais elle sera réelle et par conséquent constructive, c'est-à-dire à l'opposé du dialogue de sourds dont nous avons trop souvent pu faire l'amère expérience.

A ce propos, trois grands points clés supplémentaires vont retenir notre attention et, à ce stade, porter notre panoplie à cinq points clés :

3 - La « reformulation » du discours de l'autre.

4 - L'instauration de « transactions positives » entre deux personnes.

5 - L'« écoute active » et le « message-je ».

POINT CLÉ N° 3

La « reformulation » du discours de l'autre

« Je ne sais jamais exactement ce que j'ai dit avant que j'entende la réponse à ce que j'ai dit ! »

Norbert Wiener

1. Présentation synthétique de la théorie psychologique de référence

La théorie de l'information s'est bâtie sur une constatation d'évidence et un objectif simple : la difficulté générale de la communication à deux et l'idée d'analyser, de décortiquer objectivement et méthodiquement cet aspect irritant de la condition humaine.

Cette étude a été conduite, dans le courant de la première moitié du XXe siècle, en s'appuyant sur les schémas et le vocabulaire des spécialistes de radiotéléphonie et des télécommunications. Cette approche strictement technologique de phénomènes éminemment psychologiques est, de prime abord, fort surprenante. Elle peut même sembler quelque peu choquante et réductrice. En réalité, cette démarche a permis d'appréhender de manière pratique, c'est-à-dire avec des notions et des termes simples et compréhensibles par tous, une jungle inextricable que jusque-là personne n'avait vraiment su par quel bout prendre…

Dans cet esprit, on a tout simplement commencé par appeler l'« émetteur » (E) celui qui s'exprime et le « récepteur » (R) celui auquel s'adresse le discours. Puis on a précisé que l'émetteur E ayant « l'intention » de transmettre au récepteur R une idée (des sentiments ou une information) va, pour ce faire, élaborer son message, le « coder » (autrement dit utiliser un langage à l'adresse de l'autre, ce qui n'est pas si simple car chaque milieu sociologique ou professionnel a son jargon), et l'émettre à travers un certain nombre de « canaux » (face à face, téléphone, lettre, télégramme, etc.). De son côté, le récepteur R reçoit le message émis par E, le décode, le décrypte, le déchiffre et en prend connaissance. A ce stade, cela donne le premier « schéma » suivant (cf. *figure 15*).

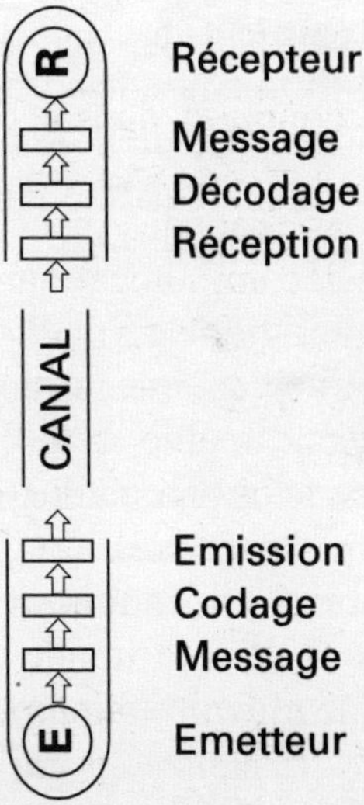

Figure 15

Les différentes phases du transit d'un message entre deux interlocuteurs.

C'est alors que les choses commencent à se compliquer. Imaginons, par exemple, qu'un de vos collègues de travail, très préoccupé par un projet auquel vous êtes partie prenante, attire votre attention sur une étape très délicate de sa mise en œuvre, alors que vous êtes vous-même sous le coup de très graves préoccupations familiales… Il est très probable que la communication entre vous deux va être perturbée, superficielle et incomplète. Pourtant, vous vous connaissez bien, vous vous appréciez et avez même de l'amitié l'un pour l'autre. En outre, vous avez tous deux une grande conscience professionnelle. Apparemment, toutes les conditions sont réunies pour établir une bonne communication, sauf qu'à « l'intentionnalité » de l'émetteur ne correspond pas chez le récepteur une « réceptivité » normale, ce qu'illustre le deuxième schéma ci-dessous (cf. *figure 16*).

Le schéma illustre bien que la zone de rencontre entre E et R est une bande très étroite lorsque les centres d'intérêt du moment des deux parties ne coïncident que très partiellement. Et d'ailleurs, de nombreuses expressions traduisent bien cette difficulté :

— « *Ce jour-là, il avait la tête ailleurs !…* »

— « *J'avais beau le mettre en garde, il m'écoutait d'une oreille distraite !…* »

— « *Je ne l'avais jamais vu dans cet état. C'est bien simple : il n'était pas là !…* »

— « *Comme d'habitude, nous n'étions pas du tout sur la même longueur d'onde !…* »

Dans le langage technique de la théorie de la com-

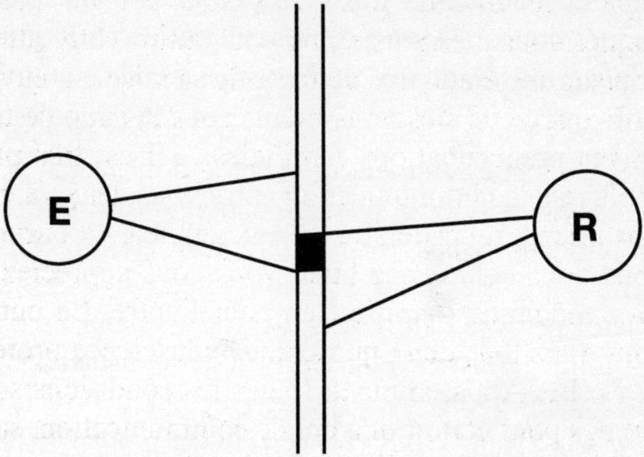

Figure 16

Seule une partie du message émis par l'émetteur (E) est reçue par le récepteur (R), parce que les « intérêts » des deux interlocuteurs ne coïncident que partiellement.

munication, on dira qu'il s'agit d'un « bruit » (psychologique, en l'occurrence). Mais bien d'autres obstacles invisibles mais tout à fait réels encombrent les circuits de la communication interpersonnelle.

Pour ne pas trop compliquer la situation, supposons que l'obstacle précédent n'existe pas ou soit facilement contournable. Autrement dit, nous faisons l'hypothèse que nos deux interlocuteurs témoignent d'une zone suffisamment large d'intérêts communs. Eh bien, ce n'est pas pour autant que la communication va s'établir aisément. En effet, la tendance naturelle de chacun d'entre nous est d'évaluer les idées de l'autre, les informations qu'il nous donne en fonction de notre propre système de référence, de nos valeurs, de nos « attitudes » psychologiques.

A ce propos, il n'est que de constater les manières parfois diamétralement opposées dont deux personnes, de bonne foi mais de convictions politiques ou philosophiques très différentes, vont réagir à partir d'une même information objective… En fait, chacun perçoit l'autre à travers le « prisme » (plus ou moins déformant) de scs attitudes conscientes ou inconscientes, de ses préjugés, de ses a priori, de ses « idées toutes faites », de « clichés », de « stéréotypes », et notamment en fonction de l'éducation qu'il a reçue ou de son expérience de la vie. Le troisième « schéma » rend compte de cette nouvelle difficulté (cf. *figure 17*).

Malheureusement, nous ne sommes pas encore au bout de nos peines. Revenons sur la notion de « canal » déjà évoquée plus haut. Lors d'un entretien individuel avec autrui, notre message emprunte un ou plusieurs « canaux de transmission ». Ces canaux peuvent être notre voix ou notre écriture, la pièce ou la salle dans laquelle nous nous exprimons mais aussi nos gestes, nos mimiques voire les supports audiovisuels que nous utilisons. Or, ces canaux peuvent être partiellement obstrués par des bruits divers et parasites qui vont donc gêner plus ou moins l'acheminement de notre message, par moments ou de façon permanente.

Ces bruits peuvent être physiques (brouhaha des

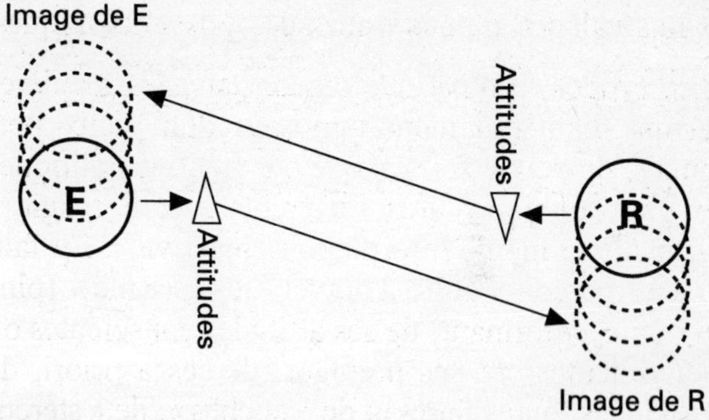

Figure 17

Les attitudes préalables de l'émetteur et du récepteur déforment la communication : l'image que chacun se fait de l'autre est déformée dès le départ. Chacun voit l'autre non pas tel qu'il est (les deux cercles en trait continu), mais à travers *le prisme déformant* de ses attitudes (les deux cercles en pointillé).

conversations, cliquetis de machines, circulation automobile, sonnerie du téléphone, etc.), mais ils peuvent aussi être psychologiques comme nous l'avons noté précédemment. Ainsi, une personne particulièrement émue par l'enjeu d'une situation, et le statut impressionnant de l'interlocuteur (directeur, recruteur, magistrat, agent de police, etc.) peut très bien entendre à peine ce qu'on lui dit, et par-dessus le marché ne rien y comprendre. Cela parce qu'elle est submergée par une émotion intense, qui résonne si fort en elle, qu'elle en est littéralement abasourdie et tout à la fois assourdie… Le quatrième « schéma » illustre cette situation si fréquente (cf. *figure 18*).

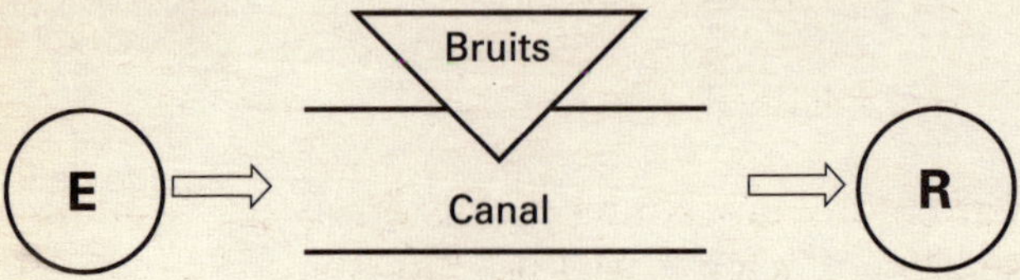

Figure 18

Tout message passe par un « canal », autrement dit un « média ». Mais au cours de son cheminement, il va être perturbé par des « bruits » de toutes sortes (la « friture » sur la ligne de téléphone, le bruit d'une musique d'ambiance, le vacarme de la rue, etc.).

Afin de remédier efficacement à tous ces inconvénients qui affaiblissent, déforment et parfois dénaturent complètement un message, une technique éprouvée va consister à « refermer la boucle », c'est-à-dire à transformer un « circuit ouvert » en « circuit fermé ». On retrouve là des termes utilisés en cybernétique à propos des notions de « régulation », de « contrôle homéostatique » (dont le thermostat est une illustration simple et familière).

Ainsi, une « communication ouverte » est une communication au cours de laquelle on ne s'assure pas rapidement de l'effet réel produit sur le destinataire. La publicité, les « informations » à la télévision, une note de service, la presse sont en règle générale et dans un premier temps une communication ouverte. Mais lorsque les auditeurs réagissent ou que le « courrier des lecteurs » fonctionne bien, on passe alors progressivement (cela en fonction de la qualité de la réponse) à une « communication fermée ». A noter que la notion de « communication fermée » peut apparaître comme plus négative que celle de « communication ouverte » mais nous avons bien compris qu'il n'en est rien.

En langage technique, le bouclage du circuit de communication s'appelle *le « feed-back »* (de l'anglais *to feed*, « nourrir », et *back*, « en arrière, en retour »). Le cinquième « schéma » (*figure 19*) récapitule l'ensemble des facteurs qui entrent en jeu dans la communication interpersonnelle du point de vue de la théorie de la communication (élaborée par le linguiste américain Roman Jakobson). Précisons que tout l'art du feed-back va en particulier consister pour les deux interlocuteurs (qui, se parlant, sont alternativement émetteur et récepteur) à s'assurer que ce qu'il a dit a bien été compris par l'autre. L'un de ces moyens est la « reformulation » du discours de l'autre qui constitue notre troisième point clé.

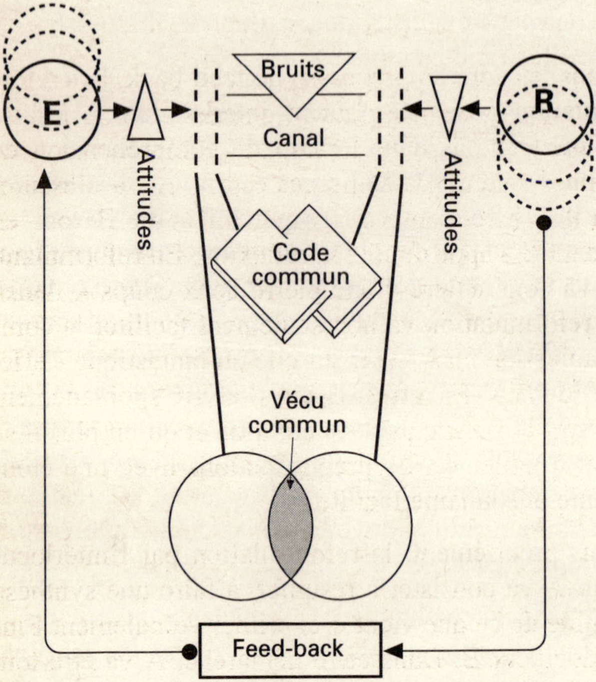

Figure 19

Schéma de Roman Jakobson reconstituant le mécanisme de la communication interpersonnelle.

2. La reformulation du discours de l'autre (notre troisième point clé)

Dans le cadre du processus de feed-back, la « reformulation » consiste pour un interlocuteur A à faire le premier pas dans l'effort de compréhension de l'interlocuteur B. Dans cet esprit, A va s'assurer qu'il a bien compris ce que lui a dit B tout en aidant B à approfondir sa réflexion. En reformulant, A va donc « faire d'une pierre deux coups ». Ainsi, la reformulation va non seulement faciliter la communication mais avoir sur elle un fantastique « effet de levier ». En effet, B va s'ouvrir spontanément lorsqu'il sentira qu'il est compris et qu'en plus il se met à parler de ses préoccupations avec une étonnante et soudaine facilité.

Plus précisément, la reformulation par l'interlocuteur A va consister à résumer, à faire une synthèse rapide de ce que vient d'exprimer verbalement l'interlocuteur B. Dans cette démarche, A va être tout particulièrement attentif à la dimension affective du discours de B, à ce qu'on appelle ses « ressentis », car c'est ce qui exprime le mieux son état intérieur. Autrement dit, la reformulation la plus élaborée va être essentiellement une *réexpression par A des sentiments de B.* Ce faisant, A va faire preuve d'« empathie », à ne pas confondre avec la sympathie.

En effet, l'empathie suppose un gros effort d'attention de la part de A suivi d'un travail de construction d'une reformulation adaptée. Or, pour ce faire, il convient que A s'intéresse profondément au discours de B, mais en gardant une certaine distance affective. En effet, s'il se laisse aller aux effusions et à la fusion affective caractérisant la sympathie, il fera preuve d'une aimable compassion mais il lui sera alors plus difficile de reformuler correctement.

Cependant, il est évident que la reformulation sous forme de réexpression des sentiments de l'autre demande un certain entraînement (on en trouvera un exemple détaillé dans le paragraphe suivant). Elle est très utilisée dans le cadre d'un soutien psychologique. On la dénomme aussi *compréhension empathique de Rogers* (du nom du psychologue américain Carl R. Rogers qui l'a popularisée).

Fort heureusement, il existe trois autres types de reformulation beaucoup plus faciles à mettre en œuvre. Nous en donnons ci-après la définition et proposerons ensuite quelques exemples.

- **La reformulation simple** qui consiste pour A à reprendre les mêmes mots que B (ou presque les mêmes). A joue en quelque sorte le rôle de « miroir » pour B.
- **La reformulation résumante** qui, on s'en doute, consiste pour A à résumer (clairement et correctement) ce que B vient d'exprimer.
- **La reformulation (volontairement) abusive** : dans ce cas particulier, l'interlocuteur A, afin d'amener son interlocuteur B à une expression plus juste

de ce qui le préoccupe, va le faire réagir en se livrant à une espèce de petite provocation. En l'occurrence, A va volontairement soit minimiser les dires de B (c'est la *reformulation abusive « en deçà »*), soit, toujours volontairement, exagérer, grossir les déclarations de B (on parler alors de *reformulation abusive « au-delà »*).

3. Exemples de reformulation du discours de l'autre

Nous allons commencer par *un cas concret de réexpression des sentiments de l'autre.* Il s'agit d'une partie d'un entretien conduit par un psychologue dans le cadre d'une démarche de type thérapeutique. Bien entendu, c'est une situation beaucoup plus difficile à aborder que celles dans lesquelles vous serez amené(e) à utiliser une forme ou une autre de reformulation. Mais cet exemple, qui est un cas réel[1], est particulièrement démonstratif de l'esprit de la reformulation.

Le texte qui suit est « brut de fonderie » puisque c'est un enregistrement pris sur le vif, d'autant plus que la personne interviewée est psychologiquement quelque peu perturbée. Elle exprime ce qu'elle ressent. Cela « sort » difficilement et donc de manière un peu chaotique. Les brèves reformulations de l'interlocuteur l'aident à progresser, à y voir un peu plus clair dans ce flot de ses impressions subjectives…

1. Ce cas a été filmé. Une présentation en avait été faite lors d'un colloque avec Carl R. Rogers organisé à Paris par l'ARIP en avril 1966.

Interview de Gloria (par Carl R. Rogers)

« **Rogers.** — *Bonjour. Je suis le docteur Rogers ; vous êtes Gloria, sans doute ?*

Gloria. — *Oui, c'est moi.*

R. — *Voulez-vous vous asseoir ? Bon, nous avons une demi-heure à passer ensemble et je ne sais pas ce que nous pourrons en faire, mais j'espère que nous en ferons quelque chose. Je serais heureux de connaître ce qui vous préoccupe.*

G. — *Eh bien, en ce moment je suis nerveuse, mais je me sens plus à l'aise du fait que vous parlez à voix basse et je n'ai pas l'impression que vous serez brusque avec moi. Mais...*

R. — *J'entends votre voix qui tremble donc...*

G. — *Bon, la chose principale dont je veux vous parler est celle-ci : Je viens juste de divorcer et j'avais déjà subi un traitement thérapeutique auparavant et je me sentais à l'aise après, et tout à coup, maintenant, le grand changement est de m'adapter à ma vie de célibataire. Et une des choses qui m'a le plus ennuyée est particulièrement d'avoir des hommes à la maison et comment cela affecte les enfants. La chose la plus grande que je veux — la chose qui est tout le temps dans mon esprit et dont je veux vous parler, c'est que j'ai une fille de neuf ans, qui, je l'ai senti à un moment donné, a eu beaucoup de problèmes affectifs. Si je pouvais seulement m'arrêter de trembler. Et je suis vraiment consciente des* *choses qui l'affectent. Je ne veux pas qu'elle soit bouleversée, je ne veux pas la choquer. Je veux tellement qu'elle m'accepte. Et nous sommes très franches l'une avec l'autre, en particulier en ce qui concerne les questions sexuelles. Et l'autre jour, elle a vu une fille célibataire, mais enceinte, et elle m'a tout demandé à ce sujet : "Les célibataires peuvent-elles être enceintes ?" Et la conversation était agréable, et je n'étais pas du tout mal à l'aise avec elle jusqu'à ce qu'elle m'ait demandé si j'avais fait jamais l'amour avec un homme depuis que j'ai quitté son papa et je lui ai menti. Et depuis, tout le temps, cela me revient à l'esprit parce que je me sens si coupable de lui mentir, parce que je ne mens jamais et je veux qu'elle me fasse confiance. Et je voudrais presque une réponse de vous. Je voudrais que vous me disiez si cela lui ferait du mal si je lui disais la vérité, ou quoi alors.*

R. — *Et c'est cette préoccupation à son sujet, et le fait que vous ne l'êtes pas réellement (préoccupée), que ce rapport franc, qui a toujours existé entre vous, maintenant, vous avez l'impression qu'il a disparu.*

G. — *Oui, j'ai l'impression que je dois me tenir sur mes gardes à ce sujet, car je me souviens que, lorsque j'étais une petite fille, lorsque j'ai découvert pour la première fois que mon père et ma mère faisaient l'amour, j'ai pensé que c'était sale et terrible, et, pendant un certain temps, je n'ai plus aimé ma mère. Et je ne veux pas non plus mentir à Pammy, je ne sais pas…*

R. — *J'aimerais bien pouvoir vous donner la réponse pour ce que vous devriez lui dire.*

G. — *Je craignais que vous ne me disiez cela.*

R. — *Car ce que vous cherchez, vraiment, c'est une réponse.*

G. — *Je voudrais surtout savoir si cela la blesserait, si j'étais tout à fait honnête et franche avec elle, ou si elle serait blessée parce que j'ai menti. J'ai l'impression qu'il se créera inévitablement une tension parce que je lui ai menti.*

R. — *Vous pensez qu'elle s'en doutera ou qu'elle saura que quelque chose n'est pas tout à fait exact.*

G. — *J'ai l'impression qu'avec le temps elle se méfiera de moi, oui ; et j'ai aussi pensé : mince alors, qu'est-ce qui se passera lorsqu'elle sera un peu plus âgée et qu'elle se trouvera dans des situations délicates. Elle ne voudra probablement pas l'admettre devant moi parce qu'elle pense que je suis si bonne et douce. Et cependant je crains qu'elle puisse penser que je suis réellement vicieuse. Et je voudrais tellement qu'elle m'accepte. Et je ne sais pas ce que peut supporter un enfant de neuf ans.*

R. — *Et les deux alternatives vous préoccupent réellement. Qu'elle puisse penser que vous êtes trop bonne ou meilleure que vous ne l'êtes réellement.*

G. — *Oui.*

R. — *Ou alors, elle peut penser que vous êtes pire que vous ne l'êtes.*

G. — *Pas pire que je ne le suis. Je ne sais pas si*

elle peut m'accepter comme je suis. Je crois que je donne une image toute douce et maternelle. Je suis un peu honteuse de mon côté douteux.

R. — *Je vois. En réalité, c'est un peu plus profond. Si elle vous connaissait vraiment, voudrait-elle ou pourrait-elle vous accepter ?*

G. — *C'est cela que je ne sais pas.* »

Etc., etc.

Vous avez probablement remarqué qu'au début de l'entretien, Carl R. Rogers a utilisé la synchronisation verbale, en parlant à voix basse comme le fait Gloria. En outre, on peut supposer, sans risque de se tromper beaucoup, qu'il a également synchronisé sa posture sur celle de Gloria…

Pour mémoire, dans le tableau suivant se trouvent récapitulés les efforts faits par l'interviewer et les effets produits sur l'interviewé au cours d'une succession de reformulations (du type de celles du cas concret précédent), en vue d'établir une véritable communication dans un contexte délicat.

Ce qui se passe dans la réexpression des sentiments

L'interviewer	**L'interviewé**
— est forcé d'écouter ce qui est dit	— voit qu'il est écouté de l'autre
— fait un effort d'analyse de ce qui est dit	— sent l'effort d'analyse de l'autre
— fait un effort de compréhension et fait donc abstraction de son propre système de valeurs (empathie)	— sent que son propre système de valeurs est pris en considération
— respecte de façon inconditionnelle l'autre	— sent qu'il est respecté et reconnu
— pense que l'autre a la capacité d'élucider son comportement et le lui dit	— prend conscience du fait qu'on le croit capable d'élucider son propre comportement mais peut en éprouver temporairement une anxiété
— considère l'autre comme un être non dépendant	— se sent non dépendant de l'autre mais peut en éprouver une certaine anxiété temporaire

Après ce cas de reformulation très élaborée (c'est-à-dire de réexpression de sentiments complexes tout au long d'un entretien approfondi), la *figure n° 20* illustre une séquence toute simple de réexpression d'un sentiment banal. Immanquablement, le personnage « émetteur » va « en dire plus », s'exprimer plus librement, dire ce qu'il a sur le cœur. Ce faisant, il va y voir plus clair en lui-même, ce qui relancera d'autant plus l'expression de ce qu'il ressent profondément.

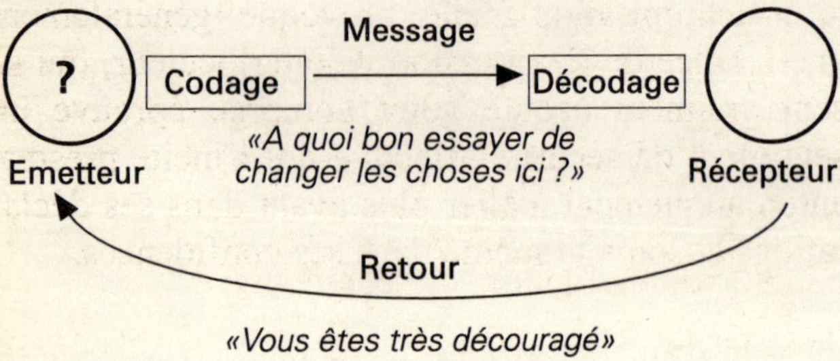

Figure 20

Revenons maintenant sur les autres formes de reformulation que nous avons précédemment signalées. Elles sont beaucoup plus simples et vous pourrez les pratiquer.

• **La reformulation simple**, contrairement à la

reformulation interprétative, est, on s'en doute, très facile à manier puisqu'elle consiste à reprendre, presque textuellement, la phrase (ou les deux ou trois phrases au maximum) qui vient d'être prononcée par notre interlocuteur. Cependant, on pourrait craindre que cette simple répétition de ce qui a été dit n'apporte pas grand-chose et qu'elle risque même d'agacer.

En fait, il n'en est rien, bien au contraire. Dans la mesure où la reprise des termes est faite sur un ton chaleureux, en adoptant l'attitude qui convient (cf. la synchronisation), elle provoque généralement une relance de l'expression. L'interlocuteur, qui se sent vraiment écouté voire compris, éprouve un sentiment de sécurité affective qui l'incite presque automatiquement à aller plus avant dans ses déclarations et souvent même dans ses confidences.

Un exemple :

« **A.** — *Je viens d'acheter une voiture…*
(un silence…)

B. — *Tu viens d'acheter une voiture !* »

Il n'y a pas plus simple comme reformulation. Pourtant, elle va amener automatiquement A à en dire plus sur les conditions de cet achat, à faire des commentaires sur ce qu'il représente pour lui ou pour elle…

• **La reformulation résumante** a pour objectif de faire à chaud une petite synthèse de ce qui vient d'être dit par autrui, cela, bien entendu, à la fin de chaque séquence de son discours. Il est clair que si on attendait trop longtemps, on serait dans l'incapacité de faire un résumé satisfaisant, à moins d'avoir une excellente mémoire et, par-dessus le marché, d'avoir un très bon esprit de synthèse, ce qui n'est pas donné à tout le monde.

Prenons **un exemple** pris dans le cadre d'un entretien de recrutement. Le candidat est un jeune technicien en informatique.

Le recruteur : « *Comment se fait-il que vous soyez resté si peu de temps dans votre dernier poste ?... On ne change pas de poste ni surtout de société après seulement six mois passés à occuper une fonction de technicien en maintenance !... Que s'est-il donc passé ?* »

Le candidat : « *Je pensais bien que vous me poseriez cette question. Autant que je vous dise la vérité tout de suite. Mon travail n'a pas vraiment bien marché. J'ai éprouvé beaucoup de difficultés, pas seulement durant le premier mois de mise en route. Cependant, à la fin de ma période d'essai de deux mois, j'ai été titularisé. Je connais bien ce travail. Je ne suis pas un débutant. Mais, en fait, je n'étais pas à l'aise dans ce service, ni dans la société d'ailleurs. Je me suis senti isolé, pas vraiment intégré. Je crois que les membres de l'équipe dont je faisais partie ne m'ont pas bien aidé. Je ne sais pas bien au juste. C'est peut-être cet isolement qui est la cause de mes difficultés...* »

Le recruteur (reformulation résumante, à l'issue d'une séquence) : « *Vous avez le sentiment d'avoir* *été isolé, mal intégré à cette équipe et vous pensez que c'est ce qui a été la cause de vos difficultés.* »

Le candidat : « *Oui, en fait, c'est bien cela. Maintenant, je me souviens, j'ai eu un problème semblable durant mon service national...* »

A remarquer que cette reformulation résumante faite par le recruteur résume les informations données par le candidat mais qu'elle comporte aussi un aspect de réexpression des sentiments du candidat, c'est-à-dire de ce qu'il ressent, de son « état d'âme » face à sa situation personnelle.

La communication est bien établie. Le candidat va se livrer sans fard mais en même temps réfléchir, tout haut, sur ses difficultés d'intégration. Cela va l'aider à se remettre en question, à se poser à lui-même les bonnes questions. Il ne sera peut-être pas en mesure d'y répondre tout de suite, mais progressivement quelque chose va mûrir en lui. Bientôt, il y verra plus clair. Peut-être même sera-t-il, en définitive, engagé par le recruteur... En effet, celui-ci aura été rassuré par la franchise du candidat, aura en outre apprécié ses bonnes connaissances techniques, et, enfin, aura senti que ce jeune homme est maintenant capable de surmonter progressivement ses difficultés initiales.

- **La reformulation abusive**

Le type de reformulation a évidemment un petit côté provocateur. Elle est très utilisée notamment par les journalistes lorsqu'ils interviewent par exemple des personnalités politiques, cela pour les amener à en dire plus, à cesser de se complaire dans la « langue de bois » ou dans de pieuses généralités voire des détails techniques auxquels seuls les spécialistes peuvent comprendre quelque chose.

Elle peut prendre deux formes opposées : la reformulation abusive « au-delà » et la reformulation abusive « en deçà ». Son effet est immédiat, presque spectaculaire, car elle oblige d'office la personne interviewée à réagir fortement et donc à préciser sa pensée, à se découvrir…

Une même séquence de conversation peut ainsi être reformulée abusivement de deux manières très différentes. Supposons que A fasse part à B de son opinion sur la circulation automobile en ville :

A : « *Franchement, la circulation des voitures est de plus en plus dangereuse pour tout le monde : pour les automobilistes eux-mêmes comme pour les malheureux piétons... Lorsque les gens sont au volant, ils ne sont plus les mêmes. Je ne sais pas quelle mouche les pique. On dirait qu'ils se croient tout permis ou alors qu'ils se mettent à planer complètement. C'est tout et n'importe quoi. Il y en a qui fument, téléphonent, discutent, écoutent la radio et conduisent à la fois !... D'autres qui entrent dans une rage folle à la moindre contrariété provoquée par la circulation en général ou un autre automobiliste ou même un piéton en particulier... Ça n'est plus possible, c'est le retour à l'état sauvage... Il faut absolument faire quelque chose !* »

Première possibilité : Reformulation abusive « au-delà » par B de la déclaration de A, c'est-à-dire que B va « en rajouter », dramatiser à outrance :

« *Si j'ai bien compris, devant une situation aussi catastrophique, vous pensez qu'il faut prendre immédiatement des mesures draconiennes. Je ne sais pas, moi : placer des caméras dans le maximum de points sensibles, coller des amendes très fortes, leur interdire la conduite automobile, les flanquer en prison...* »

A : « *Ah non ! Je n'ai pas du tout voulu dire cela ! Non, je pense qu'il faudrait faire un gros effort d'information, de sensibilisation, cela dès le plus jeune âge. Je crois beaucoup au dialogue, à la formation...* »

Deuxième possibilité : Reformulation abusive « en deçà » par B de la déclaration de A, c'est-à-dire que B va minimiser, prendre un peu « à la légère » ce que dit A :

« *A vous écouter parler, j'ai l'impression qu'aujourd'hui vous n'avez pas le moral. C'est le coup de blues du lundi matin... Alors vous voyez tout en noir et ce sont les automobilistes de la terre entière qui en prennent pour leur grade...* »

A : « *Ah mais non, ce n'est pas du tout cela... Vous ne m'avez pas bien compris. Il y a vraiment un problème, que personne ne veut voir. C'est d'ailleurs comme cela dans beaucoup d'autres domaines. On se voile la face sur les vrais problèmes de société...* »

Notons que cette deuxième reformulation de B est ici doublement abusive. D'une part, pour ce qui concerne le ressenti, elle est abusive « au-delà » car A n'exprime pas vraiment des sentiments ou un « état d'âme » particulier mais fait part tout simplement d'une opinion personnelle.

D'autre part, elle est abusive « en deçà » car elle minimise et même gomme complètement les observations de A sur le comportement de certains automobilistes.

Mais que la reformulation abusive soit « au-delà » ou « en deçà », elle a toujours pour résultat concret de faire réagir l'interlocuteur, qui va donc « en dire plus » sur le sujet de la conversation comme sur lui-même… On constate donc que la reformulation est un remarquable outil car simple à manier et d'une étonnante efficacité.

4. Références techniques concernant la théorie de l'information

Bibliographie spécifique

— *L'Ecoute - Mieux écouter pour mieux communiquer*
Philippe KAEPPELIN, ESF Editeur (n° 70).

— *Comment mener un entretien individuel*
H. DORRA et G. MILLET, Dunod Entreprise, 1990.

— *L'Entretien de face à face dans la relation d'aide*
Roger MUCCHIELLI, ESF Editeur, 1995, dernière édition.
(le thème de la reformulation fait l'objet d'un chapitre entier)

Adresses

A notre connaissance, il n'y a pas d'organismes diffusant une formation grand public à ce sujet. Par contre, cette approche et le principe de la reformulation sont généralement abordés dans un cadre plus large : par exemple, lors de la formation à la conduite de réunions de travail ; ou, de manière plus spécialisée, à l'entretien psychologique.

POINT CLÉ N° 4

Les « transactions positives » entre deux personnes

Que dites-vous après avoir dit bonjour ?…

1. L'essentiel de l'analyse transactionnelle (AT)

L'analyse transactionnelle est née aux Etats-Unis sous l'impulsion du docteur Eric Berne (1910-1970). L'AT considère que notre Moi (conscient) se manifeste de trois façons très distinctes, qu'ainsi il est susceptible de prendre alternativement trois « états » différents : ce sont les « trois Etats du Moi ». Et donc, du point de vue de l'AT, tout se passe comme si nous abritions en nous trois personnages, qui se donnent la réplique. Autrement dit, nous avons la capacité de fonctionner suivant trois registres différents :

— *L'Etat Enfant* : c'est l'enfant-qui-vit-toujours-en-nous, même à un âge avancé. Cet état correspond à nos capacités intuitives, à notre spontanéité, à ce que nous aimons d'emblée ou détestons d'office, sans trop savoir pourquoi…

— *L'Etat Parent* s'identifie aux normes sociales, aux modèles de comportement que nous avons intégrés en nous-mêmes, notamment au cours de notre enfance puis de notre adolescence. De ce point de vue, il y a ce qui se fait et ce qui ne se fait pas…

— *L'Etat Adulte* recherche l'équilibre entre les « pulsions » de l'Etat du Moi Enfant et les « normes » contenues dans l'Etat du Moi Parent. C'est, en quelque sorte, un principe de réalité : il y a ce qu'il est possible, raisonnable de faire et ce qui, objectivement, ne l'est pas…

L'analyse transactionnelle (l'AT en abrégé) représente graphiquement les trois Etats du Moi par trois sphères disposées l'une au-dessus de l'autre, schématisant ainsi la « structure de la personnalité » (consciente pour l'essentiel), c'est-à-dire son organisation interne (cf. *figure 21*).

Lorsque deux personnes dialoguent, elles le font par l'intermédiaire d'un des trois Etats du Moi de l'une qui « s'adresse » à l'un des trois Etats du Moi de l'autre, sans pour autant être le même « état ». Dans le vocabulaire de l'AT, ce phénomène est désigné par le terme de « transaction » (qui va être positive ou négative).

A noter que les schémas de ce chapitre et les exemples qui l'illustrent sont extraits de l'ouvrage de René de Lassus paru aux Editions Marabout : *L'Analyse transactionnelle* (n° 3516), cité dans la bibliographie, et auquel nous incitons vivement de se reporter.

Suivant les situations, nous passons d'un état à l'autre, mais de manière plus ou moins bien adaptée. En outre, nous pouvons avoir tendance à privilégier un état ou un autre. Par ailleurs, nous verrons que ce schéma de base avec trois composantes a ensuite été affiné. A noter qu'il n'y a pas d'Etat du Moi meilleur qu'un autre. Tous les trois sont tout aussi importants, y compris avec leurs subdivisions.

On représente les trois Etats du Moi par des sphères disposées comme suit :

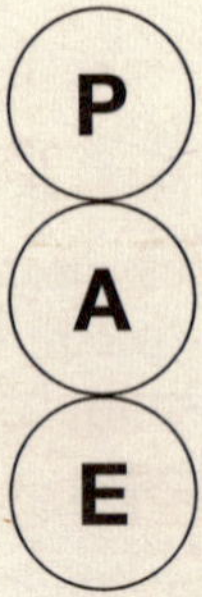

Ce schéma représente la **structure de la personnalité.**

Figure 21

• Une personne est « **dans son Parent** » lorsque son comportement reproduit celui de ses propres parents ou de personnes qui ont eu sur elle une influence déterminante. Ce faisant, elle se conforme donc à des modèles. L'Etat Parent comporte deux aspects : le « **Parent Normatif** » et le « **Parent Bienveillant** » (cf. *figure 22*).

Quelques exemples de comportements du Parent Normatif (ou Parent Critique)

Un homme ou une femme, un adolescent qui :
— frappe son poing sur la table pour affirmer quelque chose ;
— dans une soirée, passe un bon bout de temps à « casser du sucre sur le dos » des hommes, des

ETAT DU MOI PARENT
(contient et reproduit des « enregistrements » de valeurs et de comportements)

PARENT NORMATIF
dicte, dirige, impose,
émet des principes
protège, juge, critique,
dévalorise (**P**),
agresse (**P**)

PARENT BIENVEILLANT
aide, encourage,
facilite, apprécie,
prend en charge
à la place de l'autre,
surprotège (**S**)

Figure 22

femmes, des jeunes, des politiciens, des médecins, de la société, etc.

— dans une réunion de travail, répond : « *Ça ne marchera jamais* » ou « *On a déjà essayé ça !* » à une suggestion émise par un participant ;
— insulte, calomnie, médit ;
— assène des vérités avec un ton n'autorisant aucune discussion ;
— dit : « *C'est comme ça qu'il faut faire, qu'il faut te comporter !* » ;
— donne des ordres ;
— dit « *Ça, c'est bien !* » ou « *Ça, c'est mal !* » ;
— menace, injurie ;
— tend l'index et juge : « *C'est ta faute !* » ;
— fait un « bras d'honneur » dans la circulation, ou même tout simplement donne un coup de klaxon parce qu'on a commis une « petite faute » par rapport au Code ;
— juge quelqu'un d'autre ;
— dévalorise quelqu'un : « *Tu n'es pas capable de...* » ;

— toise quelqu'un d'autre, le menton relevé et les mains sur les hanches ;
— crie : « *Sortez par là !* » à des gens coincés dans un bâtiment qui vient de prendre feu ;
— utilise sa voix autoritaire pour dire à un petit enfant : « *Ne mets pas tes doigts dans cette prise de courant !* » ;
— dit à sa secrétaire : « *Faites-moi cinq copies de ceci !* »

Quelques exemples de comportements de Parent Bienveillant (ou Parent Nourricier)

Un homme, une femme, un adolescent qui :
— prend dans ses bras un petit enfant qui est tombé et s'est fait mal, le console, l'embrasse et le rassure : « *Ce gros bobo, ça va passer !* » ;
— dit à quelqu'un qui s'est trompé : « *Ce n'est pas grave, ça arrive à tout le monde !* » ;
— félicite un collègue : « *Bravo Lucien ! Tu as trouvé là une excellente solution !* » ;
— dit à un client inquiet : « *Ne vous en faites pas, je suis là pour tout arranger !* » ;
— se précipite au-devant de ses amis en cherchant comment leur faire plaisir ;
— prépare une tisane pour son conjoint qui rentre enrhumé ;
— console, encourage, soutient ;
— propose de l'aide : « *Est-ce que je peux faire quelque chose pour toi ?* »

• Comme l'Etat Parent, l'**Etat du Moi Enfant** comporte aussi deux instances : l'« **Enfant Libre** » et l'« **Enfant Adapté** ».

— On dit d'une personne qu'elle est dans son « Enfant Libre » lorsqu'elle exprime spontanément ses sentiments, ses émotions et ses désirs. C'est aussi sa capacité à sentir les situations, à être créative.

— Par contre, lorsqu'une personne adapte ses besoins et ses désirs à ceux des autres, elle se trouve dans son « Enfant Adapté ». Cela peut prendre des formes diverses : adaptation sociale normale mais aussi soumission à l'autre et même dévalorisation de soi (rôle de victime), voire rébellion (cf. *figure 23*).

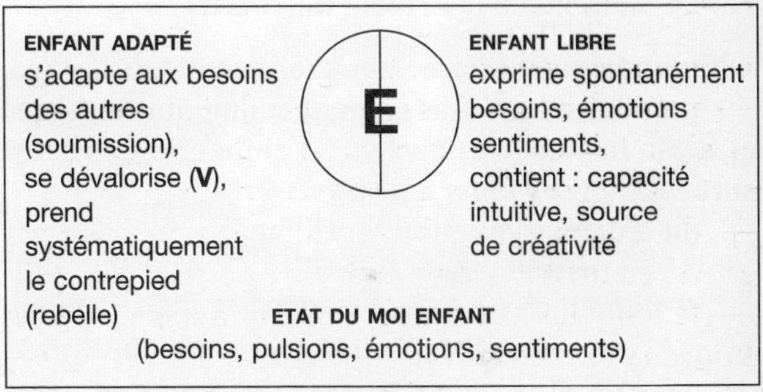

Figure 23

Quelques exemples du comportement de l'Enfant Libre (ou Enfant Spontané)

Un homme, une femme, un petit ou un adolescent qui :
— dit : « *J'aime (bien) le chocolat, le cinéma, tante Rita, le patron, les haricots, les Italiens, le football, être caressé, faire ce travail, le Président, etc.* » ;
— dit « *Je n'aime pas le chocolat, etc.* » ;
— exprime ses sentiments par des gestes, des cris,

des signes de joie, d'approbation, de satisfaction — ou l'inverse ;
— rit de bon cœur ;
— rit à gorge déployée ;
— pleure à chaudes larmes (même un homme — « *Un homme ne pleure pas* » est une règle Parent à réexaminer ; les fonctions lacrymales n'ont pas intérêt à être contrariées, les bioénergéticiens pensant que toute expression émotionnelle qui n'est pas « vidée » se retourne contre le corps) ;
— dit ses peurs, ses craintes, ses angoisses ;
— sourit de plaisir ;
— exprime sa colère — la colère exprimée par l'Enfant Libre est une émotion saine et non menaçante.

Nous savons déjà qu'un aspect complémentaire mais très actif de l'Etat Enfant Libre est l'intuition. C'est la faculté de sentir les gens et les situations. Mais c'est aussi la capacité créatrice et inventive, c'est-à-dire l'aptitude à trouver des solutions originales aux difficultés rencontrées, qu'elles soient techniques ou humaines.

Quelques exemples de comportements de la partie créative de notre Enfant Libre

Un homme, une femme, un petit qui :
— joue avec des objets divers et les « arrange » en une forme nouvelle ;
— dans une réunion professionnelle, laisse aller son imagination et trouve une solution inédite à un problème ;

— « tripote » un appareil qu'il ne connaît pas pour en saisir le mécanisme ;
— pense : « *Si je le lui présente comme ça, il marchera* » ;
— pour obtenir quelque chose, fait des minauderies, fait la moue ;
— face à un obstacle, dit : « *Si je m'y prends comme ça, ça ira sûrement* » ;
— face à une difficulté, dit : « *Si on essayait tout de même* ».

Quelques exemples de comportement de l'Enfant Adapté

Un homme, une femme, un petit qui :

— Enfant Adapté Soumis :
- s'arrête parce que le feu est rouge ;
- respecte les consignes de sécurité ;
- respecte les règles de politesse ;
- s'efface devant l'autre ;
- dit « *OK* » sans discuter.

— Enfant Adapté Victime :
- dit « *J'ai essayé… mais je n'y arrive pas* » ;
- dit « *Moi, vous savez, ce genre de choses… je ne suis pas doué pour…* » ;
- dit des phrases avec un sujet anonyme (*il* et *on*) : « *Il faudrait que… On devrait toujours…* » ;
- doute de soi : « *J'ai fait de mon mieux, mais…* » ;
- se dévalorise : « *Je ne suis pas capable de…* » ;
- parle d'une façon plaintive ;
- voit des Parents partout et se sur-adapte ;

– se plaint, gémit ;
– pense souvent : « *X est mieux que moi* ».

— Enfant Adapté Rebelle :
– dit : « *Vous n'avez pas le droit* », « *Vous pouvez toujours courir* » ;
– dit souvent et systématiquement « *Non* » ;
– coupe la parole ;
– élève la voix ;
– répond du tac au tac ;
– transgresse les règlements ;
– défie les autres ;
– râle : « *C'est toujours la même chose* » ;
– pense : « *Ils vont bien voir* » ;
– mène à l'agitation et à la violence ;
– porte des vêtements, écoute de la musique, décore son logement, sa voiture « contre » les autres…

• Une personne est dans son « **Etat Adulte** » lorsqu'elle réfléchit, analyse, raisonne, cherche à comprendre et objective les situations. Ainsi, on appelle parfois l'Etat du Moi Adulte « **l'ordinateur** » (cf. *figure 24*).

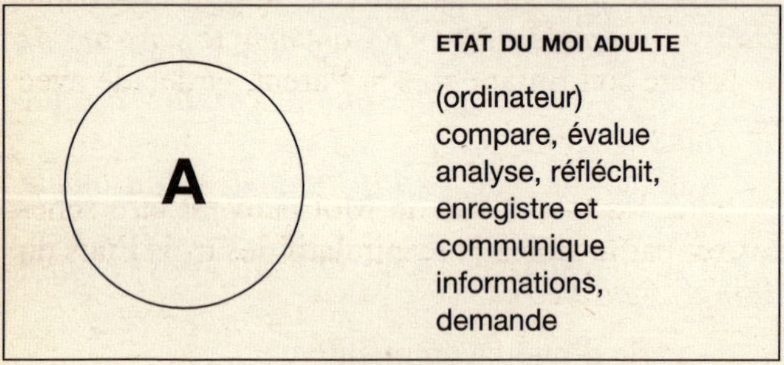

Figure 24

Quelques exemples de comportements de l'Etat du Moi Adulte

Un homme, une femme, un enfant ou un adolescent qui :
— se tient le menton et réfléchit ;
— pose des questions sur le fonctionnement d'un appareil, d'une machine, d'un objet ;
— interroge « quelqu'un qui sait » plus que lui-même sur un sujet ;
— demande une information à quelqu'un d'autre ;
— interroge la banque de données d'un ordinateur ;
— consulte un mode d'emploi, une encyclopédie ou un dictionnaire ;
— regarde un documentaire filmé ;
— discute avec d'autres (en informant et s'informant) ;
— demande à l'autre : « *Comment fait-on pour…* » ;
— adresse à l'autre de « vraies demandes » : « *J'ai envie de partir. Es-tu d'accord ?* » « *Je voudrais ouvrir les fenêtres. Etes-vous d'accord ?* » « *J'aimerais qu'on choisisse la solution B. Elle évoquerait pour moi de bons souvenirs. Qu'en pensez-vous ?* » ;
— interroge les autres : « *Quel est ton avis ?* » « *Que pensez-vous de l'idée de Marcel ?* » « *Qu'est-ce que cela te fait comme effet ?* » « *Comment te sens-tu ?* » ;
— écoute son Enfant ou son Parent, et décide avec son Adulte.

Au total, les trois Etats du Moi peuvent être schématisés par le tableau récapitulatif des trois Etats du Moi (cf. *figure 25*).

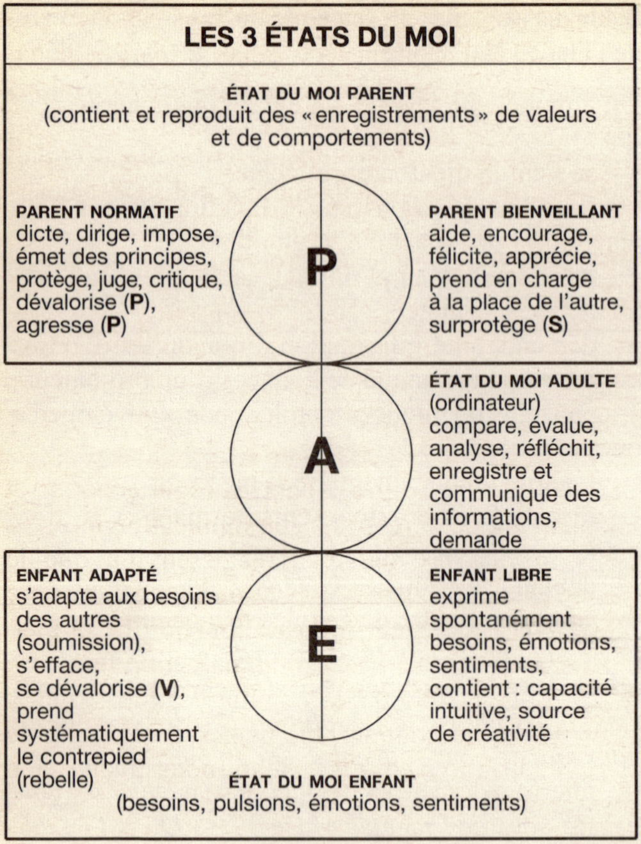

Figure 25

Ainsi, nous avons identifié les différents « personnages » qui vivent en chacun de nous. Mais alors, que se passe-t-il lorsque deux personnes s'adressent la parole ? Quels personnages vont se trouver « activés », autrement dit mis sur le devant de la scène ? C'est la notion de « transaction » qui va permettre de démêler cet écheveau.

2. Illustration des principaux types de transactions

On distingue deux grandes catégories de transactions : les transactions parallèles et croisées d'une part, et les transactions « à double fond » d'autre part.

Les transactions parallèles et croisées

Elles sont directes et peu ambiguës.

Les cinq schémas qui suivent en donnent une illustration.

TRANSACTION ADULTE-ADULTE

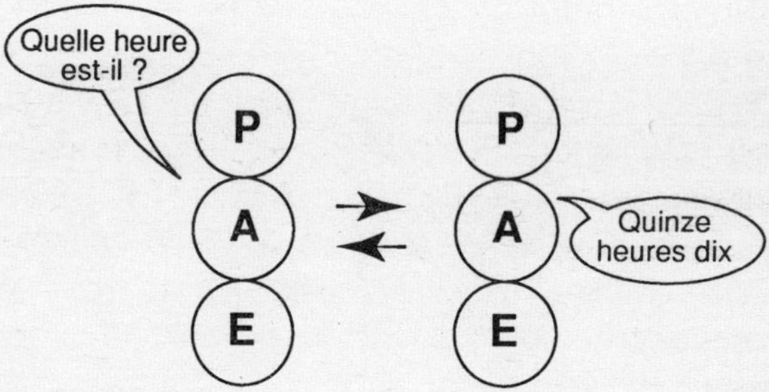

TRANSACTION ENFANT-ENFANT

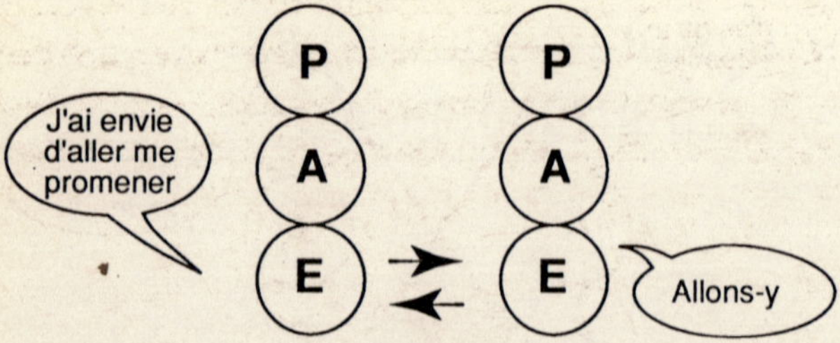

Figure 26

TRANSACTION PARENT-PARENT

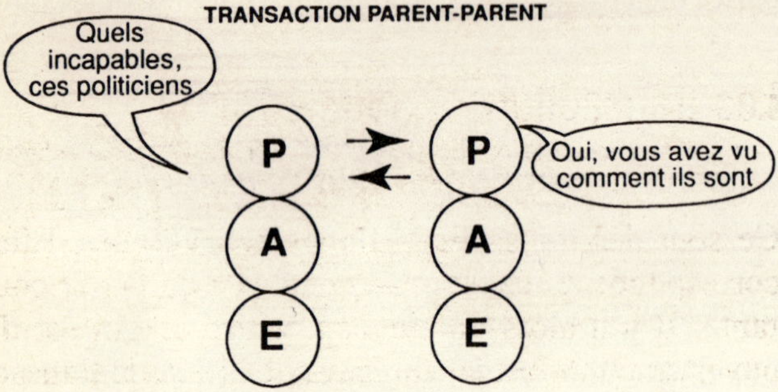

TRANSACTION ENFANT-PARENT

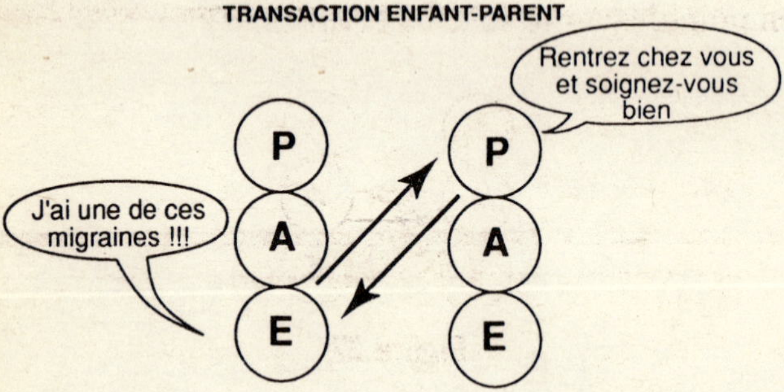

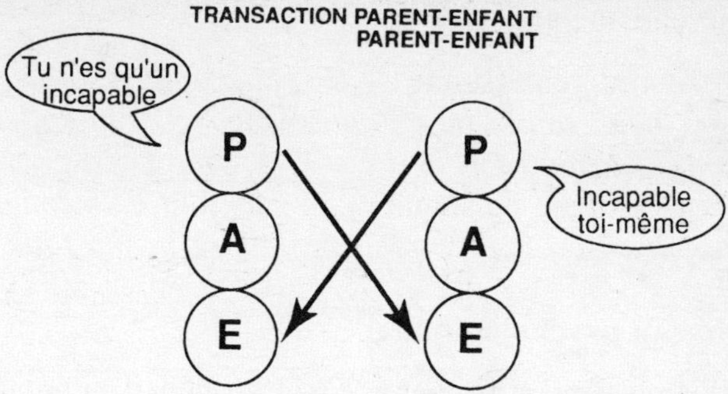

Les transactions à double fond

Ce sont des transactions floues et ambiguës. Elles correspondent aux « sous-entendus » de la vie courante. Il y a alors un décalage entre ce qui est dit ouvertement (c'est le « niveau social » de la transaction) et ce qui est en fait suggéré (c'est le « niveau psychologique »). Ce deuxième niveau est indiqué en pointillé sur le schéma ci-après.

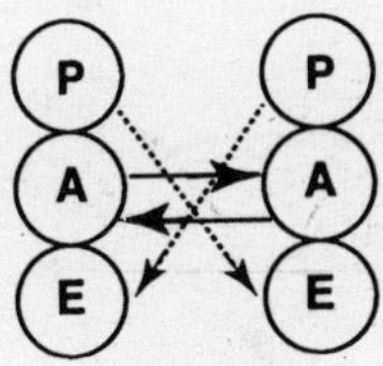

Figure 27

Niveau social :

— Première personne : «*Je crains que ce soit trop cher pour vous*» ou «*Voulez-vous voir ma collection de disques ?* »
— Deuxième personne : «*Je vais tout de même le prendre*» ou «*Avec plaisir, j'adore la musique.*»

Niveau psychologique :

— Première personne : « *T'as l'air bien trop fauché pour te payer ça !* » ou « *Viens flirter chez moi !* »
— Deuxième personne : «*Qu'est-ce qu'il croit, celui-là*» ou «*D'accord. Moi aussi, j'en ai envie.*»

A partir de ces quelques exemples, on constate déjà empiriquement que :
— les transactions parallèles peuvent, en principe, se poursuivre indéfiniment ;
— les transactions croisées débouchent sur une rupture.

3. Privilégier les transactions positives par rapport aux transactions négatives (notre quatrième point clé)

Mais alors, puisque l'objectif de cet ouvrage est l'amélioration de nos modes de communication avec les autres, une question vient immédiatement à l'esprit : « Y a-t-il des transactions meilleures que d'autres ? » Disons que certaines transactions se révèlent plus adéquates que d'autres. On en vient donc à distinguer :

— les transactions positives ou « relations positives » qui conduisent une communication efficace ou « communication OK-OK » ;

— les transactions négatives, ou « relations négatives », aussi appelées « non OK ».

Les deux tableaux de la *figure 28* schématisent ces deux catégories de transaction.

Pour améliorer nos relations, il nous faut absolument tendre vers des transactions positives, relations dites OK-OK, c'est-à-dire des relations dans lesquelles il y a, à la base, un respect absolu de l'autre et de soi-même. Le respect de soi-même signifie que l'on accuse réception des « contacts » établis par l'autre en les considérant comme des « invitations ». Et des invitations, cela se prend (« *Je*

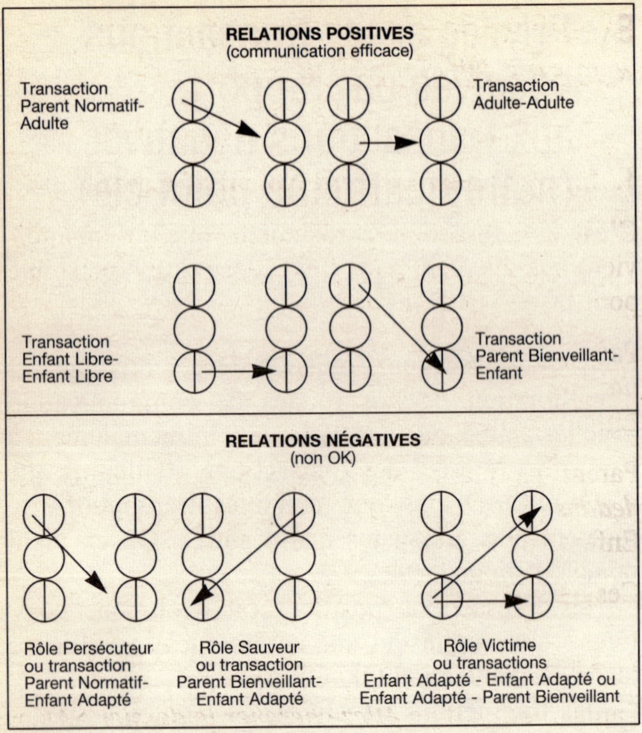

comprends bien ce que vous désirez et je suis d'accord pour le faire») ou cela se refuse («*Je ne suis pas d'accord avec ce que tu demandes*»).

Exemples de cinq transactions « Je suis OK-Tu es OK »

1. La transaction Parent Normatif-Enfant

C'est la transaction par laquelle quelqu'un intervient positivement dans l'existence d'une personne pour le bien de cette dernière.

Parent Normatif : « *Mettez ce casque sur le chantier !* »
Enfant : « *Bien, Monsieur.* »

Parent Normatif : « *Ne mets pas tes doigts là-dedans !* »
Enfant : « *Oui, Papa.* »

Ces ordres impliquent l'obéissance de l'Enfant.

2. La transaction Parent Normatif-Adulte

Parent Normatif : « *Allez chercher le dossier SAV.* »
Adulte : « *Bien, Monsieur Maindiaux.* »

Parent Normatif : « *Virginie, il faut que tu sois rentrée à minuit.* »
Adulte : « *D'accord, Maman.* »

Ces ordres s'adressent à l'intelligence acceptante de l'Adulte.

Attention ! Parmi les transactions OK-OK, cette transaction peut être ressentie comme non OK par beaucoup de gens (notamment par les adolescents). Dans la vie professionnelle, il est recommandé de ne l'utiliser qu'après avoir pris un accord tacite à son sujet (exemple : « *Brigitte, lorsque je suis pressé, il m'arrivera de vous demander d'exécuter certains ordres avec célérité.* »).

3. La transaction Parent Bienveillant-Enfant

Parent Bienveillant : « *Je comprends que vous soyez fatigué, rentrez vous reposer.* »
Enfant : « *Merci, Monsieur.* »

Parent Bienveillant : « *Tu t'es fait mal en tombant. Viens, je vais te consoler.* »
Enfant : « *Oui, Maman.* »

4. La transaction Adulte-Adulte

Adulte : « *Quel est le résultat de vos démarches, Grosjean ?* »
Adulte : « *Eh bien voilà, j'ai d'abord rencontré le responsable du département Recherches. Je lui ai présenté notre nouveau dispositif, puis il m'a proposé de le présenter à tout son service. Ce que j'ai fait, et...* »

Adulte : « *Dis Papa, c'est quoi une étoile ?* »
Adulte : « *Eh bien, les petites lumières que tu peux voir, le soir, dans le ciel...* »

5. La transaction Enfant-Enfant

Enfant : « *Dis, Raymond, si on mettait ce texte en première page ?* »
Enfant : « *Ouais, chouette idée. Ça sera terrible !* »

Enfant : « *Dis, Félix, si on jouait à saute-mouton ?* »

Enfant : « *Ouiii, ça me plaît bien !* » ou « *Nooon, je n'ai pas envie !* »

On a bien compris que dans le cadre de cet ouvrage, il ne s'agit pas de viser une connaissance approfondie de l'AT, ni, d'ailleurs, des six autres approchées évoquées. L'objectif est d'être en mesure d'observer, de prendre conscience d'un certain nombre de phénomènes d'interaction entre soi et les autres… Les sept « grilles de lecture » proposées sont forcément et volontairement sommaires puisqu'il s'agit de mettre en œuvre un seul outil parmi tout l'arsenal de moyens dont dispose l'approche psychologique qui la sous-tend.

Mais, et c'est l'originalité de la démarche qui vous est proposée, l'utilisation conjointe de ces sept grilles simplifiées à l'extrême (et donc facilement maniables par tous) permet de s'en constituer une à peu de frais mais, en définitive et paradoxalement, très élaborée… En outre, cela permet d'avoir un premier contact d'un coup avec sept grandes théories psychologiques. Ensuite, on pourra, si nécessaire, vraiment choisir d'approfondir en priorité celle que l'on sent le mieux au lieu de tâtonner inutilement.

4. Références techniques sur l'analyse transactionnelle

Bibliographie spécifique

Les ouvrages de René DE LASSUS, aux Editions Marabout :

— *L'Analyse transactionnelle*
Marabout nº 3516, 1991.

— *Oser être gagnant par l'analyse transactionnelle*
Marabout nº 3620, 1994.

— *Pratique de l'analyse transactionnelle*
Marabout nº 3561, 1996.

Les ouvrages du docteur Eric BERNE :

— *Des Jeux et des hommes*, Stock, 1966.

— *Analyse transactionnelle et psychothérapie*, Payot, 1971.

— *Psychiatrie et psychanalyse à la portée de tous*, Stock, 1975.

— *Que dites-vous après avoir dit bonjour ?*, Tchou, 1983.

Autres ouvrages intéressants :

— *Le Triple Moi - L'Analyse transactionnelle*
Gysa Javin, Marabout n° 3637, 1996.

— *Analyse transactionnelle et relations de travail*
Dominique Chalvin et l'équipe CEGOS, ESF, 1979.

Adresses utiles

Organismes proposant une formation à l'analyse transactionnelle

— CEGOS
204 rond-point de Sèvres,
92516 Boulogne-Billancourt
Tél. : 01 42 20 60 60

— CENTOR IDEP
43 rue de la Brèche aux Loups,
75012 Paris
Tél. : 01 43 47 08 70

— CSP
66 rue La Fayette,
75009 Paris
Tél. : 01 42 46 59 99

— GIMCA
130 rue La Fayette,
75010 Paris
Tél. : 01 48 24 27 27

— ASSOBAT
32, rue Renier Chalon,
B - 1060 Bruxelles
Tél. : 02 344 96 90

POINT CLÉ Nº 5

« L'ÉCOUTE ACTIVE » ET LE « MESSAGE-JE »

Transformer l'opposition gagnant-perdant
en duo gagnant-gagnant…

1. L'approche de référence : la méthode Gordon

Il s'agit de la démarche mise au point dès les années 1950 aux Etats-Unis par le docteur Thomas Gordon. Elle s'inspire en partie de la théorie de la communication (que nous connaissons déjà) mais en l'enrichissant de manière très concrète. Son application est particulièrement fructueuse pour les relations interpersonnelles en milieu professionnel, et ce notamment dans les rapports hiérarchiques. Mais, en réalité, elle est d'application beaucoup plus large (les relations du couple, l'éducation des enfants…). Très utilisée, car très pragmatique et facile à appliquer, elle est tout simplement dénommée « la méthode Gordon ». S'embarrassant peu de considérations théoriques, elle est basée sur *un seul concept*, celui de « satisfaction mutuelle des besoins ».

Ainsi par exemple et dans cet esprit, un responsable sera efficace s'il parvient à satisfaire d'une part les besoins de ses subordonnés et d'autre part les siens propres. En effet, si l'autre a un problème et que je ne sais pas l'écouter, nos relations risquent de se détériorer. De même, si j'ai un problème et que je n'arrive pas à l'exprimer correctement, mon comportement deviendra très probablement plus agressif.

L'idée toute simple (et, en apparence, fort risquée par rapport à nos conduites d'évitement habituelles) est de provoquer volontairement et sciemment « la confrontation des besoins ». Afin que l'on soit en mesure de gérer positivement cette situation de conflit (voulue, en quelque sorte), Thomas Gordon a développé deux outils : rien de plus, mais leur maniement averti va donner des résultats immédiats et spectaculaires. En outre, leur appellation est déjà, en soi, presque explicite. Il s'agit, d'une part, du « message-je » (ou « message à la première personne ») et, d'autre part, de « l'écoute active ».

2. Le « message-je » et l'« écoute active » (notre cinquième point clé)

Le « message-je » (pour s'aider soi-même…)

Comment faire changer le comportement d'un collaborateur (ou d'un proche) qui vous pose un sérieux problème, sans pour autant lui faire perdre la face ? En effet, on hésite souvent à dire aux autres que leur comportement est inacceptable ou, plus simplement, que leur comportement nous crée une gêne. Mais alors, ne pas savoir s'imposer et affronter les autres, c'est souffrir en silence ou, tout au moins, nourrir un ressentiment à l'égard de la personne qui est source du problème, ce qui va forcément envenimer les choses…

A noter que les observations qui suivent sont situées essentiellement dans des contextes professionnels car cela permet d'être plus démonstratif dans l'explicitation de la méthode. Mais, bien entendu, celle-ci est applicable avec profit dans un contexte beaucoup plus large et notamment dans le cadre des relations privées et familiales.

Ainsi, face à une gêne quelconque occasionnée par un de leurs collaborateurs, les responsables ont généralement tendance à tomber dans les « douze messages à risques », c'est-à-dire douze types de messages qui ordonnent, menacent, moralisent, sermonnent, conseillent, critiquent ou jugent, flattent, qualifient, rassurent, analysent, questionnent et ironisent… Et, immanquablement, ces manières de réagir, qui nous sont très familières, amplifient le rapport de forces. Ils contiennent tous une nette tendance au « message-tu » ou « message-vous », selon le degré d'intimité : « *Tu ne devrais pas faire ça !…* », « *Vous devriez savoir que…* », etc.

Or, ces « messages à la deuxième personne » passent généralement très mal car ils culpabilisent l'interlocuteur. En effet, ils peuvent être ressentis comme un blâme, une humiliation, une critique, un rejet ; ils peuvent communiquer un manque de respect vis-à-vis de l'autre personne ; ils provoquent souvent un comportement réactif ou même des représailles ; ils peuvent porter atteinte à l'estime réciproque ; ils peuvent aussi donner lieu à une résistance au changement plutôt qu'à une attitude d'ouverture ; la personne mise en cause peut se sentir blessée et, plus tard, éprouver du ressentiment. Au total, les messages à la deuxième personne sont souvent ressentis comme des punitions. En définitive, ces messages sont inefficaces car je réponds au problème en impliquant seulement l'autre, qui devient seul responsable devant mon problème.

Par contre, le message efficace sera celui qui décrit à l'autre ce que je ressens (mon « ressenti »), en quoi mon interlocuteur me pose un problème. Le premier objectif d'un tel message est d'être très clair dans la confrontation. Il communique l'information suivante : « Je suis un être humain qui a des problèmes et éprouve des sentiments comme tout le monde. » C'est un appel à l'aide qu'il est difficile d'ignorer. Il faut arriver à trouver l'équilibre entre l'affirmation de soi et la violence du ton, l'agressivité.

Ainsi, les composants d'un « message à la première personne » seront :
— la description du comportement gênant (« *Vous parlez pendant que je suis au téléphone* ») ;
— les effets concrets sur moi (« *Je dois parler plus fort, j'entends mal* ») ;
— comment la gêne est ressentie (« *Je suis gêné, embarrassé, agacé...* »).

Ce type de message a plus de chances de faire changer le comportement du « gêneur », sans l'agresser, en gardant avec lui de bonnes relations.

L'écoute active (pour aider son interlocuteur...)

C'est l'outil que l'on utilise lorsqu'il apparaît que notre interlocuteur a un problème. Le but étant, bien entendu, que ce problème trouve sa solution.

Quand « l'autre » manifeste qu'il a un problème, il y a de nombreuses manières de répondre à cet appel, dont les douze messages à risques déjà évoqués, c'est-à-dire qui ralentissent ou inhibent la résolution du problème (qui ordonnent, menacent, moralisent, conseillent, sermonnent, jugent, flattent, ridiculisent, interprètent, conseillent, mettent à l'épreuve, blaguent). En fait, dans ces douze catégories de messages, on trouve le désir de changer « l'émetteur » (terme déjà rencontré dans la théorie de l'information), plutôt que de l'accepter tel qu'il est.

« L'écoute active » consiste à passer du niveau de ce qui a été exprimé au niveau de ce qui a été réellement vécu par l'autre. Pratiquer l'écoute active, c'est refléter le sentiment de l'autre, refléter ce qu'il vit mais pas ce qu'il dit. Ceci, de façon à s'assurer que l'on a bien compris ce qui se passait pour être en mesure de lui fournir une aide efficace. En définitive, cela revient à partir à la recherche du « message-je » émis par l'autre. On va donc rechercher le « ressenti » d'autrui, afin, par exemple, de lui faire « digérer » sa colère. On retrouve la notion d'« empathie » (à ne pas confondre avec la sympathie) déjà évoquée dans le cadre de la théorie de la communication qui va permettre la « réexpression des sentiments » (terme déjà évoqué) de l'interlocuteur.

Il est important de noter que l'écoute active laisse à l'autre la responsabilité de son problème. Mais on va l'aider à mieux comprendre ce qui se passe réellement. Nous savons déjà qu'elle s'inspire des travaux du psychologue américain Carl Rogers. Lors d'un conflit interpersonnel, on a généralement tendance à agir de telle sorte qu'il y ait un gagnant et un perdant. Ce qui va entraîner l'apparition de ressentiments et d'une dégradation des relations, qui sera d'autant plus accentuée que c'est souvent le même (ou la même) qui gagne !... Pour éviter l'impasse vers laquelle mène cette manière habituelle de « gérer » un conflit, l'une et l'autre partie doivent respecter les besoins de l'autre.

Mais faire en sorte que mon besoin soit respecté, cela veut dire qu'il faut que *ma* solution soit acceptée. Et respecter le besoin de l'autre, c'est accepter *sa* solution. Or, les deux solutions ne peuvent pas forcément être appliquées. Il va donc falloir transformer le conflit « toi *ou* moi » en conflit de besoins : « mes besoins *et* tes besoins ». Ainsi, on ne nie pas la réalité du conflit. On évite la partie de bras de fer sans pour autant se voiler la face. On considère qu'**un conflit de besoins est plus acceptable qu'un conflit de personnes**. C'est donc une position très pragmatique, réaliste et pleine de bon sens. En outre, cette démarche stimule la créativité personnelle de chacun.

Ainsi, d'une manière générale, la méthode Gordon est qualifiée de méthode « gagnant-gagnant ». Et lorsqu'on l'applique spécifiquement dans le domaine des relations hiérarchiques dans le contexte professionnel, on la désigne aussi sous l'appellation américaine de *win-win management* (du verbe *to win*, « gagner »).

Le schéma ci-après représente spécifiquement la dynamique du win-win management. Mais en fait il est applicable à toutes sortes de situations interpersonnelles qui impliquent un conflit latent.

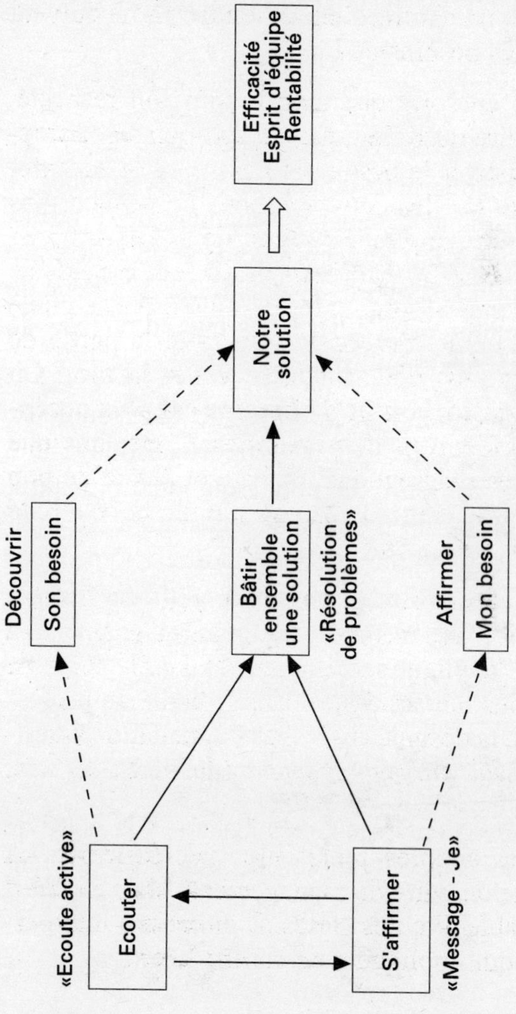

La dynamique du win-win management

Figure 29

3. Un cas concret d'application de la méthode Gordon

La scène se situe dans un contexte professionnel. Il s'agit d'un incident banal. La manière de le traiter est donc tout à fait transposable dans un tout autre cadre (familial, scolaire, associatif…). L'auteur de ce cas concret est Didier Hauvette, directeur de Gordon Management France.

M. Dupuy, collaborateur direct de M. Bounieux, s'était engagé à rédiger un rapport destiné à une importante réunion fixée pour trois jours plus tard. Mais, au cours d'un entretien de préparation, M. Bounieux se rend compte que le rapport est loin d'être prêt… Quatre attitudes possibles s'offrent alors à lui :

— La plus facile : l'utilisation de la force
M. Bounieux menace : « *Ecoutez, Dupuy, débrouillez-vous, si je n'ai pas le rapport en temps utile, c'est votre prime de fin d'année qui saute.* »
Il suffit de se mettre quelques instants à la place de Dupuy pour savoir combien de rancœurs, de tensions, de conflits larvés découleront de cette attitude.

— La plus lourde : reprendre le dossier
M. Bounieux reprend tous les éléments et fait le travail seul avec stress et perte de temps !

— La plus dangereuse : l'absence de réaction
M. Bounieux laisse faire et est obligé de décaler la réunion annoncée. C'est là une attitude démotivante et néfaste pour tous à moyen terme.

— La plus efficace : c'est, bien évidemment, l'attitude recommandée par Thomas Gordon : la recherche d'une solution satisfaisante pour chacun. Elle s'articule en *trois étapes* : s'affirmer, puis écouter et, enfin, bâtir ensemble une solution.

S'affirmer (cf. le « message-je »), c'est :
— décrire très précisément l'attitude, le fait ou le comportement qui nous pose un problème ;
— rester le plus factuel possible :
  – en précisant les conséquences concrètes que ce comportement entraîne pour nous (perte de temps, d'argent, de crédibilité…)
  – en signalant clairement les conséquences psychologiques et émotionnelles générées en nous.

Dans notre exemple, cela donne :

« *Dupuy, ce que vous me dites m'inquiète. Si vous continuez à ce rythme, le rapport ne sera jamais prêt à temps et je ne pourrai pas tenir mes engagements vis-à-vis de la direction générale !…* »
Le seul type de réponse possible pour Dupuy est alors de se justifier :
« *J'en suis bien conscient : mais cela fait une semaine que j'appelle l'informatique, impossible d'avoir les statistiques dont j'ai besoin pour terminer mes tableaux.* »

A ce stade de l'échange, l'attitude la plus efficace à adopter est celle de l'écoute.

Ecouter (cf. l'« écoute active »), c'est :
— accepter a priori la bonne foi de son interlocuteur ;
— chercher à comprendre la raison de son comportement ;
— l'aider à exprimer clairement les difficultés rencontrées.

Dans notre exemple, cela se traduit de la façon suivante :
« — *Dupuy, je vois que vous êtes aussi embêté que je le suis moi-même. Si vous n'avez pu aboutir, c'est faute d'obtenir du service informatique les éléments dont vous aviez besoin.*
— *Oui, tout à fait ! Croyez-moi, j'ai fait tout ce que j'ai pu* », répond Dupuy.

Bounieux pourrait y voir, de la part de Dupuy, une fuite de ses responsabilités. Ce risque sera évité en recourant à la solution préconisée par Thomas Gordon : la recherche en commun d'une solution.

Bâtir ensemble une solution, c'est :
— identifier le problème ;
— imaginer toutes les solutions possibles ;
— choisir la solution la plus adéquate ;
— mettre en œuvre les moyens nécessaires ;
— contrôler les résultats ;
— engager, si besoin est, les actions correctrices.

Dans notre exemple, cela donne :

«— Monsieur Bounieux, si vous appeliez vous aussi le service informatique, cela accélérerait sans doute le processus.
— D'accord, pensez-vous que cela soit suffisant ?
— Oui, si j'ai les chiffres demain à dix heures, je pourrai vous donner le rapport à vingt et une heures. Par ailleurs, il faudra prévoir un geste pour la secrétaire à qui je vais demander de rester plus tard.
— OK, j'appelle l'informatique tout de suite. Je vous appellerai demain en fin de matinée pour vérifier si tout va bien.»

4. Références techniques sur la méthode Gordon

Les ouvrages de base

Ceux publiés par Thomas GORDON lui-même :

— *Cadres et dirigeants efficaces*
Marabout n° MS 1831.

— *Parents efficaces - Une autre écoute de l'enfant*
Marabout n° 3102.

— *Enseignants efficaces*
Collection Actualisation, Editions du Jour.

Adresses utiles

Liste des organismes seuls habilités à dispenser la « formation Gordon Cadres et dirigeants efficaces » (qui d'ailleurs concerne tous les niveaux hiérarchiques et pas seulement l'encadrement supérieur) :

— Pour la France :
Gordon Management
7 rue de Surène,
75008 Paris
Tél. : 01 42 60 16 16

— Pour la Belgique et le Luxembourg :
Gordon Entreprises
Avenue Winston Churchill 218, Bte 6,
B-1180 Bruxelles
Tél. : (00 32) 2 344 21 17

— Pour la Suisse :
Infoteam SA
Geissbergstrasse 2,
CH-8302 Kloten
Tél. : (00 41) 22 49 79 63

— Pour le Canada :
Actualisation Inc.
Place du Parc, CP 1142, 300 Léo-Pariseau, Bureau 705,
Montréal, Québec - H2W 2P4
Tél. : (00 514) 284 26 22

RÉCAPITULATIF DES CINQ POINTS CLÉS PRÉCÉDENTS

1er point clé : Synchroniser sa posture sur celle de l'interlocuteur
Geste d'accueil, d'ouverture, de bonne volonté, supposant d'avoir fait un premier et simple effort d'observation de l'autre.

2e point clé : Déceler sur le visage de l'interlocuteur le mouvement dominant au cadre
Deuxième temps de l'effort d'observation du vis-à-vis amenant à s'intéresser à sa personnalité afin d'en tenir compte pour la suite.

3e point clé : Reformuler le discours de l'interlocuteur
Après l'effort d'observation de l'aspect physique du partenaire, on passe à un premier effort d'attention pour ce qu'il exprime verbalement.

4e point clé : Avoir présent à l'esprit le schéma des trois Etats du Moi
Avant d'aller plus loin dans le dialogue, faire en sorte de ne pas s'aventurer sur les sables mouvants des transactions négatives.

5e point clé : Pratiquer l'« écoute active » et le « message-je »
On entre dans le vif du sujet alors que le terrain a été préparé grâce aux quatre premiers points clés.

TROISIÈME PARTIE

LES DEUX POINTS CLÉS COMPORTEMENTAUX

Les deux points clés basés sur la prise en compte globale du comportement du vis-à-vis.

— **Point clé n° 6** : le « cycle de contact en cinq temps ».

— **Point clé n° 7** : le « recadrage » des situations conflictuelles devenues inextricables.

POINT CLÉ N° 6

LE CYCLE DE CONTACT EN CINQ TEMPS

Apprendre à « tourner la page » au bon moment…

1. La théorie psychologique de référence : la Gestalt

Gestalt est un terme allemand qui signifie « forme ». La Gestalt est ainsi une démarche d'origine européenne qui a ensuite été développée aux Etats-Unis pour revenir s'épanouir sur le Vieux Continent. Son fondateur est Fritz Perls (1893-1970), psychiatre allemand qui émigra aux Etats-Unis en 1934 pour fuir les persécutions nazies. Ses manuscrits furent mis en forme par Paul Goodman, un écrivain polémiste. Compte tenu de ce large brassage, la Gestalt recouvre une grande richesse de concepts. Bien que très largement ouverte à de multiples dimensions des phénomènes de communication interpersonnelle, elle conserve une grande cohérence interne.

Paradoxalement, autant le terme qui la désigne est bref et sonne bien, autant il est difficile d'en donner une définition classique, c'est-à-dire claire et précise, en quelques mots. En première approche, notons qu'il s'agit d'une conception qui évite d'analyser les phénomènes dans le détail et d'en rechercher des causes hypothétiques dans les tréfonds du passé. Tout au contraire, la Gestalt s'attache à conserver un point de vue synthétique sur les phénomènes psychologiques observés au moment où ils se passent.

En outre, elle les resitue dans leur contexte global.

Elle adopte donc une perspective dite « holistique » (du grec *holos*, « le tout »). Enfin, elle privilégie le projet, la finalité, l'intentionnalité, c'est-à-dire tout ce qui nous tourne vers le futur, tout ce qui nous aspire en avant. A noter que plusieurs termes approchants sont utilisés à son propos, ce qui accentue la difficulté à la cerner, à la cadrer rapidement : la « psychologie de la forme », la « théorie de la forme », la « gestalt-théorie », la « gestalt-thérapie », la « GT » (le terme *thérapie* devant s'entendre plutôt dans le sens de développement personnel), la « socio-gestalt »...

Pour simplifier et sans entrer dans d'intéressantes subtilités sémantiques, nous nous contenterons donc du terme « Gestalt ». Profitons-en pour revenir sur la traduction française du terme d'origine : « la forme ».

En l'occurrence, « *la forme* » est un terme technique qui, en gros, signifie l'ensemble, le tout, la globalité d'une perception. Ainsi la « psychologie de la forme » (que Paul Guillaume a développée en France) souligne que nous ne percevons pas avec nos yeux une addition de détails. Bien au contraire, nous percevons d'emblée des formes générales et les détails prennent un sens différent suivant « la forme » générale dans laquelle ils s'inscrivent.

Un exemple très pratique est celui de la graphologie. Le ou la graphologue expérimenté(e) perçoit d'abord l'allure générale d'une écriture, son style, son rythme. Et l'interprétation des différentes composantes de l'écriture se fera en fonction de cette image globale. C'est la raison pour laquelle un même détail graphologique (manière de fermer les lettres, direction de l'écriture, pression, etc.) peut avoir des significations psychologiques totalement différentes suivant le contexte général de l'écriture dans lequel il est observé.

De même, le ton d'une voix et le rythme des paroles constituent une « forme » qui structure le contenu réel des phrases prononcées, dont le sens véritable peut être très différent suivant précisément le cadre, la forme où elles se situent.

La Gestalt se situe au carrefour de la psychanalyse, des thérapies psychocorporelles, du psychodrame, des philosophies phénoménologiques, existentielles et même orientales. Elle développe une perspective unifiante de l'être humain, c'est-à-dire qui intègre ses dimensions sensorielles, affectives, intellectuelles, sociales et spirituelles.

Ainsi, elle met l'accent sur la prise de conscience de l'expérience actuelle (l'« ici et maintenant » de la phénoménologie) et réhabilite le « ressenti » émotionnel et corporel, généralement censuré dans le contexte de la civilisation occidentale. Elle favorise un contact authentique avec les autres en mettant en relief nos processus de blocage.

De manière pratique, la Gestalt intègre et combine (de manière originale, bien loin donc d'être un fourre-tout) de nombreuses techniques verbales et non verbales telles que : l'éveil sensoriel, le travail sur l'énergie, la respiration, le corps ou la voix, l'expression de l'émotion, le travail à partir des rêves ou de rêve éveillé, le psychodrame, la créativité (dessin, modelage, musique, danse, etc.), l'amplification du ressenti et des « micro-gestes », l'*awareness* ou prise de conscience globale, etc.

Le pentagramme de Serge Ginger (auteur cité dans la bibliographie) illustre cette approche pluridimensionnelle qui se laisse difficilement enfermer dans une définition classique. C'est une représentation schématique et symbolique (utilisant l'étoile à cinq branches) de l'être humain avec sa tête, ses deux bras et ses deux jambes.

LE PENTAGRAMME DE GINGER

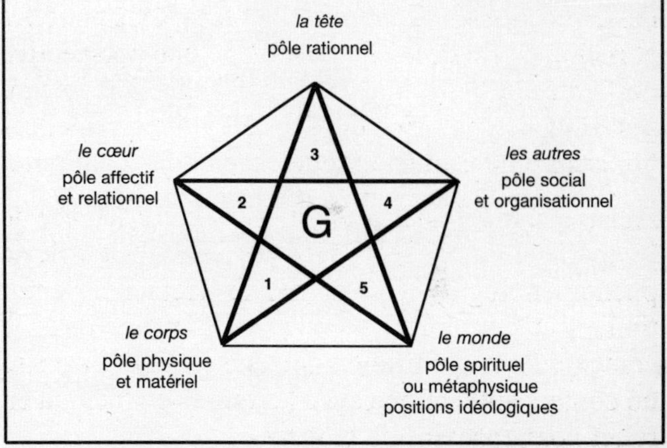

Figure 30

Les cinq branches de l'étoile représentent en plus les cinq dimensions principales de l'activité humaine :

1 - la dimension *physique* : le corps, la sensorialité, la motricité, la sexualité physique…
2 - la dimension *affective* : le « cœur », les sentiments, la relation d'amour, l'autre…

3 - la dimension *rationnelle* : la « tête » (avec ses deux hémisphères : le gauche pour la logique et le droit pour l'intuition) : les idées et l'imaginaire créateur ;
4 - la dimension *sociale* : les autres, l'environnement humain culturel ;
5 - la dimension *spirituelle* : la place et le sens de l'homme dans l'environnement cosmique et terrestre global.

Notons que les deux bras évoquent *la relation* : à l'autre, et aux autres. Les deux jambes, quant à elles, symbolisent nos *racines*, assurant l'équilibre entre le physique et le métaphysique, entre la matière et l'esprit (ou l'énergie). Et, bien entendu, la tête assure la coordination et la synthèse de l'ensemble.

On remarque également que chacun des cinq pôles est relié aux quatre autres. En effet, la personnalité est un tout dont les différents composants sont en interaction constante en vue de réaliser un certain équilibre. Ainsi, la Gestalt reprend aussi à son compte certaines données de l'approche systémique, sur laquelle nous reviendrons dans le chapitre suivant consacré au septième point clé.

2. Le cycle de contact en cinq temps (notre sixième point clé)

Toute expérience humaine suit *un cycle* : elle débute, se déroule et s'achève. Le cycle peut être court (une conversation privée, une séance de lecture, une journée de travail, etc.) ou long, voire très long (une relation sentimentale, des engagements professionnels, sociaux, politiques, spirituels, etc.). La Gestalt s'est intéressée de très près au comment cela se passe (bien ou mal) lors des différentes phases de ce cycle, et notamment lors du passage d'une phase à l'autre.

Perls et Goodman ont divisé chaque expérience en quatre temps principaux agencés autour de la notion de *contact*. Affinant l'approche, S. Ginger a repéré les cinq phases essentielles suivantes :

1 - le pré-contact ;
2 - l'engagement ;
3 - le contact (ou « plein contact ») ;
4 - le désengagement ;
5 - le retrait = l'assimilation de l'expérience.

Cette conception mérite tout particulièrement l'attention car elle intègre le facteur temps, la durée, qui sont des composants essentiels des phénomènes psychologiques. En outre, elle est d'emblée compréhensible. En effet, elle souligne de manière simple et pratique ce qu'il y a de commun entre les innombrables séquences de notre vécu quotidien. Revenons brièvement sur chacune de ces cinq phases, dans l'ordre chronologique où elles se déroulent toujours.

Premier temps : pré-contact

C'est le temps, qui doit être suffisant, durant lequel émerge un besoin, un désir, un projet. Ainsi, pour bien démarrer, une réunion (de travail ou autre) a besoin d'être précédée par quelques échanges informels ; une relation amoureuse implique un certain temps de désir puis de préludes ; une relation commerciale nécessite un temps d'« apprivoisement » du client, etc. *A contrario*, l'absence de pré-contact (ou sa trop longue durée) est un signe de dysfonctionnement psychologique ou social.

Deuxième temps : engagement

Il s'agit d'un moment clé où l'action « se noue », où l'on s'engage dans un travail, dans une relation, dans une décision ou un projet. C'est le moment (pas toujours bien conscient) où « on y va », et, comme on dit, « Ça y est, c'est parti ! », « Les choses sérieuses commencent »... A noter que le terme *engagement* est couramment utilisé dans les compétitions sportives (volley-ball, escrime...).

Troisième temps : contact

C'est la phase durant laquelle « l'affaire suit son cours », avec des rebondissements et des temps morts, des hauts et des bas, des incidents heureux ou malheureux. On est entré « dans le vif du sujet ». C'est donc une succession d'épisodes plus ou moins nombreux.

Quatrième temps : désengagement

C'est un moment essentiel et souvent délicat à bien gérer, celui où la situation « se dénoue » : le moment où la soirée va finir, où les amants vont se séparer, où l'on va conclure un entretien, quitter une réunion… C'est aussi le moment où l'on va quitter ses parents, terminer ses études, démissionner de son poste, divorcer, déménager, prendre sa retraite, etc.

Dans ces situations, il va falloir « faire le deuil » de ce passé, autrement dit apprendre à y renoncer peu à peu sans garder d'amertume, ne plus le ressasser. C'est généralement une phase critique qui peut durer quelques minutes, plusieurs jours, voire de nombreuses années. En réalité, dans la vie quotidienne, ce stade est souvent mal « négocié », inutilement retardé ou inopportunément précipité.

Cinquième temps : retrait ou assimilation de l'expérience

C'est le temps durant lequel nous allons « digérer » nos expériences heureuses ou malheureuses, prendre du recul, leur donner un sens et finalement les intégrer (plus ou moins bien) à notre personnalité. Ainsi, par exemple, la formation tout comme l'amour se jouent autant entre les rencontres qu'au cours de celles-ci.

S. Ginger propose un schéma particulièrement simple et explicite du cycle de contact en cinq temps (cf. *figure 31*). Il s'articule autour de la lettre grecque pi, qui symbolise le passage du diamètre au cercle (cf. la formule géométrique : circonférence = π × le diamètre), de la ligne droite au cycle, du projet à son accomplissement.

A noter que les deux boucles soulignent les points cruciaux du cycle (l'engagement et le désengagement), ces brefs instants où l'action s'engage puis où elle se termine avant la phase d'assimilation. Les difficultés se situent généralement à ces deux points de rupture. Ils font penser aux phases de décollage et d'atterrissage d'un avion qui sont précisément les moments techniquement les plus critiques voire les plus dangereux.

Concernant ce sixième point clé, nous ne donnons pas d'exemples particuliers car cela n'ajouterait pas grand-chose au propos. En effet, il suffit d'avoir pris connaissance du schéma des cinq phases de contact pour les repérer aisément dans nos propres comportements et ceux des autres. Il s'agit simplement d'être sensibilisé à l'existence de ce scénario, quasiment immuable, en cinq scènes.

Ainsi, ce sixième point clé nous permet de mieux nous situer dans nos engagements avec les autres. En effet, nos différents actes de communication ne sont généralement pas suspendus en l'air. Ils font partie d'un ensemble plus large, d'un continuum, autrement dit d'un engagement plus ou moins profond. Le simple fait de chercher à repérer, à bien identifier les phases 2 et 4, puis de s'intéresser à la manière dont elles se passent, constitue une prise de conscience porteuse de réajustements et donc de progrès dans notre communication avec un interlocuteur ou avec notre groupe d'appartenance.

LE CYCLE DE CONTACT EN CINQ TEMPS

(S. Ginger, 1989)

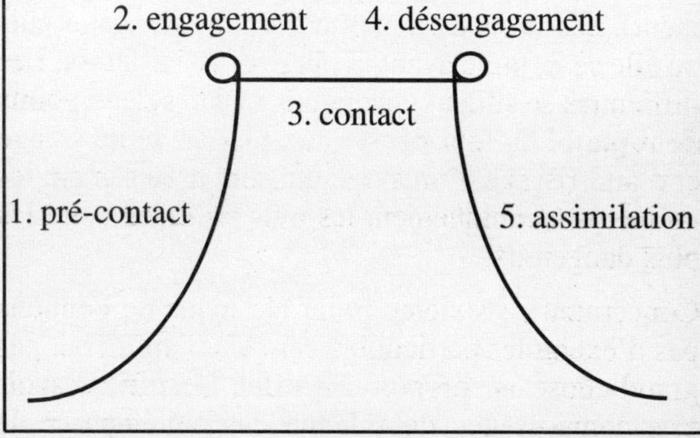

Figure 31

3. Références techniques sur la Gestalt

Ouvrages de référence

— *La Gestalt - L'Art du contact*
Serge GINGER, Marabout, 1995.
(Excellent ouvrage d'introduction générale et pratique à la Gestalt)

— *La Gestalt-thérapie*
Jean-Marc ROBINE, Collection Essentialis, Editions Morisset, 1994.
(Un résumé clair de la théorie du self, qui est un aspect particulier de la Gestalt)

— *La Gestalt, une thérapie du contact*
Serge et Anne GINGER, Hommes et Groupes, 5e éd. 1994.
(Approfondissement des thèmes évoqués dans le Marabout)

— *La Gestalt-thérapie de l'ici-maintenant*
Marie PETIT, ESF, 4e éd. 1993.
(De nombreux exemples commentés par une praticienne qui est aussi une psychanalyste jungienne)

Il conviendrait de recommander les ouvrages de Fritz Perls, le fondateur de la Gestalt-thérapie, mais ils sont tous épuisés…

Adresses d'organismes de formation

— Ecole Parisienne de Gestalt (EPG)
16 avenue du Général Leclerc,
75014 Paris
Tél. : 01 43 22 40 41

— Société Française de Gestalt (SFG)
33 rue de Solférino,
59800 Lille
Tél. : 03 20 40 26 29
(Association qui regroupe la majorité des gestaltistes professionnels francophones de France, de Belgique et de Suisse. Ne propose pas de stages mais peut communiquer les adresses des principaux instituts de formation et celles de ses membres agréés)

— Institut Français de Gestalt-Thérapie (IFGT)
8 rue Paul Louis Laude,
33000 Bordeaux
Tél. : 05 56 92 01 69

— Fédération Internationale des Organismes de Formation à la Gestalt (FORGE)
163 rue de Vaugirard,
75015 Paris
Fax : 01 37 31 55 74

— Intégration
50, drève de Willerieken,
B - 1160 Bruxelles
Tél. : 02 673 00 94
Fax : 02 675 49 94

POINT CLÉ N° 7

LE « RECADRAGE » DES SITUATIONS DEVENUES INEXTRICABLES

« C'est par la porte qu'on sort. Pourquoi personne ne veut-il utiliser cette sortie ? »

dans *Entretiens* de Confucius.

Un constat déroutant

Les conflits interpersonnels font partie intégrante des relations humaines, que ce soit dans la vie privée ou dans le contexte professionnel. Dans le meilleur des cas, une « explication » orageuse voire un spectaculaire accrochage verbal pourront avoir un effet finalement bénéfique. En effet, ainsi, l'abcès aura été crevé une bonne fois pour toutes, peut-on espérer…

Hélas, nous savons bien que généralement le conflit s'envenime et dégénère trop souvent jusqu'à devenir inextricable. Et cela, quand bien même les protagonistes essayent de se calmer quelque peu en vue de trouver, enfin, une issue raisonnable à leur différend. Pire, plus les intéressés prennent des initiatives avec ce louable objectif, plus leurs relations se détériorent, et plus ils s'enfoncent, agrippés l'un à l'autre… Ils ont alors le sentiment, plus ou moins conscient, d'être pris dans un engrenage fatal, d'être devenus les jouets d'un mécanisme aveugle sur lequel ils n'ont pas la moindre prise…

Une équipe de psycho-sociologues californiens a eu l'idée providentielle de s'intéresser de près à ces redoutables « sables mouvants » de la communication quotidienne, à ces espèces de « trous noirs »[1] de l'espace relationnel, à ces pièges invisibles mais destructeurs du climat psychologique.

---

1. Trou noir : entité cosmique dont la densité est telle qu'elle engloutit tous les objets passant dans son champ gravitationnel et qui va jusqu'à capturer la lumière elle-même…

Il s'agit notamment de Paul Watzlawick, John Weakland et Richard Fisch qui ont prolongé les travaux théoriques de Gregory Bateson et les observations cliniques de Don D. Jackson. Ils sont plus connus sous l'appellation de Groupe ou d'Ecole de Palo Alto, qui est une petite ville de Californie située au sud de la baie de San Francisco. C'était en effet plus simple de les appeler par ce nom facilement prononçable et mémorisable que de les désigner comme « les paradoxalistes » ou, pire encore, « les systématiciens paradoxalistes »... Officiellement, ces différents chercheurs font partie du Mental Research Institute (MRI), fondé en 1959.

Dans la suite du développement, nous avons procédé à une synthèse pratique de l'ouvrage que l'auteur a, par ailleurs, consacré à la technique de Palo Alto (cf. *Résoudre les conflits par l'approche paradoxale*, Jean-Paul JUÈS, Marabout n° 3558, 1996).

1. La filiation théorique de la méthode

Tout en ayant développé sa propre originalité, l'approche paradoxale est issue d'une démarche plus générale appelée « systémique » (à ne pas confondre avec l'adjectif *systématique*). Bien que ce terme fasse un peu savant, il recouvre en fait une procédure étonnamment simple permettant de comprendre le mode de fonctionnement d'ensembles plus ou moins complexes (couple, famille, groupe de travail, entreprise, etc.). Ainsi donc, nous voilà déjà en plein paradoxe…

Pour l'essentiel, la systémique s'appuie sur trois grands principes aisément compréhensibles par tous mais dont l'application va permettre d'obtenir, à peu de frais, de surprenants résultats.

Premier principe : Il est beaucoup plus fructueux d'essayer de décrire et d'expliquer ce qui se passe entre les faits, entre les choses et surtout entre les personnes d'un contexte donné que de tenter de comprendre le mode de fonctionnement particulier d'un de ces éléments soigneusement isolé. Notamment, il est beaucoup plus important de s'intéresser aux types de relations qui s'établissent entre des personnes que de s'évertuer à comprendre leur psychologie individuelle, avec la laborieuse exploration de leur passé que cela implique généralement.

On préfère étudier les « processus » plutôt que les « contenus ». On se concentre sur ce qui se passe « ici et maintenant », par préférence à ce qui a pu avoir lieu dans le passé.

> « Ce qui se passe entre les choses est plus important que les choses elles-mêmes. »
>
> Claude Lévi-Strauss (anthropologue français, XXe siècle).

Deuxième principe : Au sein d'un système complexe (un organisme vivant, une personne, par exemple) ou d'un système hypercomplexe (une entreprise, un groupe humain, un milieu naturel, etc.), tout se tient et tout interfère et interagit sur tout (à l'intérieur du système lui-même et au niveau des relations du système avec son environnement). C'est un ensemble cohérent et structuré. Autrement dit, si l'on modifie un élément (à l'intérieur comme à l'extérieur du système), on modifie directement ou indirectement le fonctionnement même du système tout entier et pas seulement une de ses composantes (puisque tout se tient).

> « Un seul être vous manque et tout est dépeuplé. »
>
> Alphonse de Lamartine (poète français, XIXe siècle).

Troisième principe : Fondamentalement, un système humain, quel qu'il soit (un groupe, une association, une entreprise, etc.), vit et se transforme suivant un sens, un objectif qui non seulement le mobilise et l'unifie mais aussi le transcende et le tire en avant. Si l'on ne saisit pas cet élément immatériel, on ne comprend rien au fonctionnement du système, à ce qui l'anime de l'intérieur. Par ailleurs, si le sens se modifie, c'est-à-dire si les valeurs auxquelles les membres du groupe adhèrent se hiérarchisent autrement, le système fonctionnera de manière différente. Bien plus, si le sens disparaît, si les points de repère culturels s'évanouissent, le système finira par disparaître corps et âme.

« Rien n'est en soi ni bon ni mauvais. Tout dépend de ce qu'on en pense. »

Hamlet, de William Shakespeare (poète dramatique anglais, XVIe siècle).

« Ce ne sont pas les choses qui troublent les hommes, mais l'opinion qu'ils en ont. »

Epictète (philosophe phrygien, Ier siècle).

2. Comment « recadrer » la situation (notre septième point clé)

Afin d'être en mesure d'appliquer aisément la « thérapeutique » paradoxale, il importe auparavant d'analyser quelque peu le processus néfaste qui conduit infailliblement à des situations relationnelles qui se détériorent très vite jusqu'à se bloquer complètement. Tous les ingrédients sont alors rassemblés pour que finisse par exploser la violence individuelle et collective…

Une première anecdote prise dans la vie courante va nous éclairer à ce sujet…

Jacques et Martine forment un couple très bien assorti. Ils travaillent tous les deux et ont une charmante fillette de trois ans, Valérie. Autrement dit, ils ont tout pour être heureux… Or, à l'issue de ces premières années de mariage particulièrement satisfaisantes, Martine se laisse peu à peu aller à l'impression — tout à fait subjective — que Jacques n'est pas assez ouvert avec elle… Elle éprouve alors le besoin de plus en plus lancinant de savoir ce qui se passe dans sa tête, quelle place elle tient réellement pour lui, ce qu'il fait lorsqu'il n'est pas à la maison, etc.

Pour obtenir les informations qu'elle recherche, Martine commence par lui poser des questions puis se met à l'observer et progressivement à le surveiller de plusieurs manières. Bien entendu, le résultat est à l'inverse du but recherché. En effet, surpris puis agacé par l'attitude de son épouse, qu'il trouve par trop indiscrète, Jacques, par un réflexe naturel de défense, va lui cacher certaines choses dont auparavant il lui aurait parlé sans la moindre gêne.

D'ores et déjà, nous sentons bien que s'amorce une dangereuse spirale. Ainsi, immanquablement, l'attitude de Jacques va exacerber les soupçons de Martine. Mais alors, moins il l'informe, plus elle s'obstine à le presser de questions, à essayer d'opérer de savants recoupements, se disant à elle-même : « *C'est bien ce que je pensais, il cherche à me cacher quelque chose !* »

Il est clair qu'à ce train-là, tous deux vont droit dans le mur… Si, par-dessus le marché, les amis proches se mêlent du problème en essayant de trouver de savantes explications psychologiques, toutes les conditions sont réunies pour que le couple se trouve tout à coup embringué dans une crise conjugale des plus sérieuses. Et, naturellement, la gravité de la situation appellera des mesures énergiques, lesquelles auront pour seul effet de mettre de l'huile sur le feu !…

Maintenant, attachons-nous à décrire le processus qui s'est mis en branle, en considérant simplement *les interactions*, en regardant les choses de l'extérieur, sans nous soucier le moins du monde des raisons profondes (réelles ou supposées) qui ont bien pu amener Martine à ressentir, soudain ou progressivement, cette pernicieuse démangeaison inquisitoriale.

Vu sous cet angle descriptif, en dehors de tout psychologisme, il apparaît que les deux protagonistes, bien loin d'adopter des comportements diamétralement opposés (comme on aurait tendance à l'estimer, de prime abord), ont en fait manifesté une belle unanimité en faisant «*toujours plus de la même chose*». En effet, chacun ne cesse de persister dans sa première réaction, la renforçant de plus en plus à chaque escarmouche et provoquant par là même la surenchère de celle de l'autre partie.

Pas un seul instant, il ne vient à l'idée de l'un ou l'autre de modifier en quoi que ce soit sa manière de réagir. Bien au contraire, il lui semble évident que la réaction de l'autre autorise, justifie et même encourage la sienne propre…

En définitive, c'est précisément «la solution» (inadaptée, bien sûr) utilisée en chœur par tous les deux qui précisément crée le (faux) problème, lequel, du coup, en devient un vrai… D'où cette première formule «paradoxale» appliquée à ce genre de difficulté: «Le problème, c'est la solution!…» (sous-entendu : c'est la mauvaise solution apportée à une difficulté initiale réelle qui la transforme en gros problème…).

Un deuxième exemple, historique celui-ci, est beaucoup plus impressionnant quant à ses conséquences…

Au début du XXe siècle, l'alcoolisme se répandit dangereusement aux Etats-Unis d'Amérique. Il fut alors décidé de réglementer la consommation d'alcool. Devant le peu d'effet de cette mesure, la réglementation fut de plus en plus renforcée. Mais, tous ces efforts se révélant en définitive inefficaces, on passa au degré maximum en décrétant ce qui fut appelé la prohibition (entre 1919 et 1933), c'est-à-dire l'interdiction absolue de boissons alcoolisées.

Hélas, le remède fut pire que le mal qu'il était censé combattre. En réalité, l'alcoolisme augmenta. En effet, une vaste industrie clandestine de distillation se mit en place et vendit des produits dont la très mauvaise qualité accrut les effets nocifs de l'alcool.

Il fallut donc constituer un corps de police spécialisé dans la chasse aux fabricants et distributeurs clandestins. Les trafiquants répliquèrent en corrompant ce corps d'élite à coups de pots-de-vin de plus en plus astronomiques. La prévarication, c'est-à-dire la corruption de fonctionnaires, devint donc « monnaie courante ». En outre, la guerre des gangs vint assombrir encore un peu plus ce lamentable tableau.

En définitive, la pagaille étant devenue générale, l'interdiction fut enfin purement et simplement levée…

Ainsi donc en faisant « toujours plus de la même chose », bien loin de parvenir au but recherché, on fit empirer le problème dans des proportions catastrophiques. La « solution » avait directement contribué à une rapide et spectaculaire aggravation du problème initial.

Si incroyable que cela puisse paraître, le gigantesque échec de l'expérience américaine n'a nullement empêché, quelques années plus tard, la République de l'Inde d'inscrire la prohibition dans sa Constitution et de connaître exactement les mêmes déboires… si l'on peut dire !…

Un dernier incident, tout à fait banal, va achever de nous sensibiliser à l'irritant phénomène des situations qui dérapent d'autant plus que nous cherchons à les maîtriser…

Il est très courant que l'on éprouve, un jour ou l'autre ou par périodes, des difficultés à s'endormir. Très souvent et dans le droit fil des exemples précédents, on va s'efforcer alors de prendre des mesures « énergiques » qui, inévitablement, non seulement ne vont pas faire disparaître ce trouble passager de l'endormissement mais vont bel et bien l'aggraver.

Ainsi, nombre d'insomniaques occasionnels vont se forcer à dormir par un acte de volonté (en essayant de faire le vide dans leur cerveau, en organisant tout un cérémonial préalable, en se livrant à une série d'exercices de décontraction une fois au lit, etc.), avec, bien entendu, le plus souvent, pour seul résultat tangible de rester parfaitement éveillé…

D'autres vont imposer brutalement le sommeil à leur organisme en prenant des somnifères qui, très vite, entraîneront un phénomène d'accoutumance et donc la nécessité d'augmenter les doses, ceci produisant mécaniquement la formation d'un cercle vicieux bien connu (de dépendance médicamenteuse).

Or, de par sa nature, le sommeil est un phénomène naturel, qui survient spontanément en dehors de toute intervention de la volonté. A l'inverse, il ne peut plus être spontané quand il est voulu et donc il se dérobe, au plus grand désespoir de l'apprenti sorcier qui croyait parvenir à le contrôler.

Dans les cas de figure significatifs que nous venons de relater, c'est en faisant toujours plus de la même chose que l'on aggrave le problème, ou pire qu'on le crée, ce qui est un comble. Croyant bien faire, en réalité on met de l'huile sur le feu.

Cependant, si la situation s'envenime, cela implique qu'à l'origine il y a bien une difficulté qui mérite d'être traitée avec discernement. Mais alors il conviendra de faire tout autre chose que toujours plus de la même chose. Au lieu de compliquer la situation par des interventions inappropriées et donc génératrices de « problèmes » supplémentaires, il faudra provoquer, déclencher un véritable changement afin de briser le cercle vicieux : c'est ce que nous exposerons plus loin.

Les trois scènes précédentes nous ont permis de réaliser, avec étonnement, qu'une des raisons majeures de l'envenimement rapide des conflits (et de l'« escalade » qui en découle presque automatiquement) se trouve, tout simplement, dans le « toujours plus de la même chose » auquel les protagonistes se laissent aller. Bien entendu, leur bonne foi n'est pas du tout en cause. Chacun, de son côté, est convaincu de son bon droit et donc défend son point de vue avec acharnement. Malheureusement, le seul fait de répéter, à n'en plus finir et chacun pour soi, le même type de comportement réactif transforme d'office la relation en « partie de bras de fer », dont l'issue sera forcément plus ou moins désastreuse selon l'enjeu et les forces en présence.

C'est la raison pour laquelle l'approche paradoxale des situations devenues, devenant ou risquant de devenir très vite inextricablement conflictuelles, va consister à sortir du cercle vicieux en inventant littéralement un nouveau cadre à la situation. Autrement dit, cela va consister soit à sortir du cadre (en raisonnant dans un cadre plus large), soit à donner à la situation un sens tout à fait différent en faisant preuve d'imagination. Dans ce dernier cas, on donnera donc à la situation un « éclairage » nouveau et parfois apparemment absurde, voire même allant contre le bon sens commun : d'où l'appellation d'approche « paradoxale »...

Une simple et unique devinette va permettre d'illustrer l'esprit général de la démarche :

En l'occurrence, il s'agit de relier les neuf points de la figure ci-dessous par quatre lignes droites sans lever le crayon du papier et sans repasser sur une ligne. Pour l'intérêt de la démonstration, il convient d'essayer de résoudre ce problème avant d'aller plus avant dans la lecture et bien entendu, avant de regarder la solution (donnée à la fin de ce paragraphe introductif).

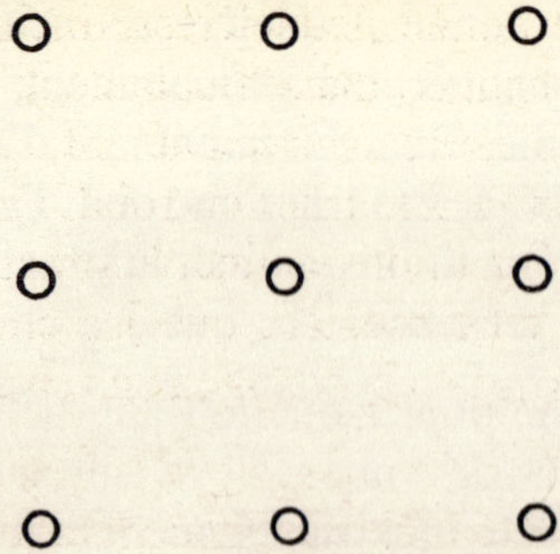

Figure 32

En général, ceux qui se trouvent face à ce problème pour la première fois essayent de le résoudre en introduisant, sans qu'ils s'en rendent compte, une hypothèse, un a priori qui va précisément leur couper la voie d'accès vers la solution… En effet, d'emblée, ils considèrent que, les points formant un carré, la solution doit alors obligatoirement s'inscrire dans ce même carré. D'office, ils s'imposent donc une contrainte que l'énoncé du problème ne comporte pas…

Par conséquent, ils ont créé de toutes pièces ou du moins compliqué à ravir le problème qu'ils vont s'efforcer, en vain, de résoudre… Dans ces conditions, ils ont beau essayer toutes les combinaisons de quatre lignes, et ceci dans n'importe quel ordre, il restera toujours un point qui n'est pas relié aux autres.

En effet, ils tentent d'opérer ce que les trois auteurs déjà cités dénomment un « *changement 1* », c'est-à-dire un changement qui prend place à l'intérieur d'un système donné, lequel reste inchangé («plus cela semble changer, mais, finalement, plus c'est la même chose!...»). Autrement dit, le «changement 1» consiste à tourner en rond. On s'agite, on gesticule, espérant faire évoluer la situation. Mais on s'y prend de telle manière que les choses ne font qu'empirer. Ainsi, cela change mais en allant dans le mauvais sens.

En fait, dans le cas de situations bloquées et apparemment inextricables, la solution réside dans le déclenchement d'un «*changement 2*», qui consiste à sortir du champ clos du système, par modification des règles gouvernant les interactions entre les éléments constitutifs du système.

Par conséquent, le «changement 2» impliquera toujours un décalage, une discontinuité, un véritable saut conceptuel et méthodologique. C'est la raison pour laquelle les manifestations du «changement 2» apparaissent souvent comme illogiques, paradoxales, voire même totalement absurdes. Et, concrètement, le «changement 2» suppose de «recadrer» la situation, de lui donner un «éclairage», un sens différent afin de sortir du cercle vicieux du «toujours plus de la même chose».

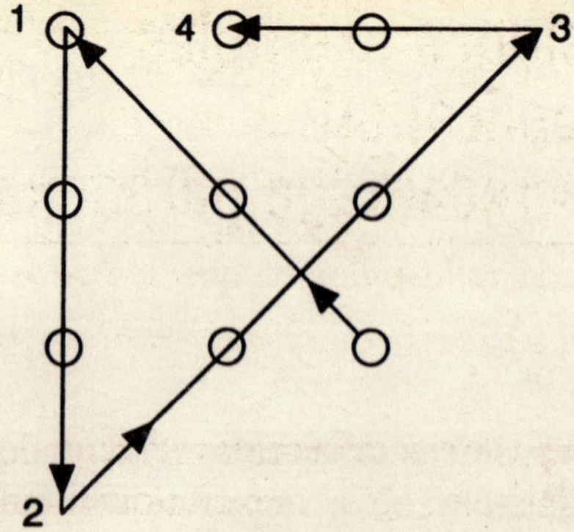

Figure 33

Solution graphique au problème des neuf points.

3. Quelques exemples d'application du « recadrage paradoxal »

Il ne s'agit pas de fictions mais de situations réelles tirées de l'Histoire ou, plus prosaïquement, de la vie courante en entreprise. Commençons donc par les cas historiques.

Un « fait divers » qui aurait pu se terminer dans un bain de sang…

A l'occasion des nombreuses émeutes populaires qui se produisirent à Paris au cours du XIXe siècle, un officier reçut l'ordre laconique, mais lourd de conséquences, de faire évacuer une place encombrée de manifestants, ceci en tirant sur « la canaille », lui avait-il été précisé… Arrivé sur les lieux, il ordonna à ses soldats de prendre position face à la foule et de la mettre en joue. Soudain, un grand silence se fit, chacun réalisant bien l'imminence du drame horrible qui était sur le point de se produire.

Mais alors, et contre toute attente, l'officier s'adressa à la foule pétrifiée, en des termes pour le moins inattendus : « *Mesdames et Messieurs, j'ai reçu l'ordre de "tirer sur la canaille". Mais comme je vois devant moi beaucoup de citoyens honnêtes et respectables, je leur demande de partir pour que je puisse faire tirer seulement sur la canaille...* »

Naturellement, sans coup férir, la place fut vidée en quelques minutes. Par sa seule présence d'esprit, grâce à sa manière originale de présenter les choses, cet officier chevaleresque venait tout simplement d'éviter un bain de sang. Sa brève mais pertinente allocution avait donc sauvé la vie à des dizaines de personnes et, qui sait, peut-être évité le déclenchement d'un soulèvement populaire avec les représailles massives qui, à l'époque, ponctuaient d'office ce genre de manifestations.

On mesure à ce propos l'extraordinaire pouvoir de la parole intelligente. Analysons maintenant le processus, le surprenant enchaînement des événements.

Dans ce genre de situation — l'officier faisant face à une foule menaçante —, on pouvait s'attendre à ce que spontanément il réplique à l'hostilité ambiante par une contre-hostilité supérieure, sans que cela surprenne outre mesure, autrement dit à ce qu'il fasse « plus de la même chose ».

A première vue, cela réglera rapidement le problème puisque la troupe est armée de fusils alors que la foule ne l'est pas. Mais cette initiative (dénommée « *changement 1* » par le groupe de Palo Alto), si on la replace dans un contexte plus large, en fait va aggraver la situation générale. En effet, jetant de l'huile sur le feu, elle va provoquer des troubles sociaux plus graves, lesquels entraîneront des opérations de maintien de l'ordre de plus en plus féroces, tout cela pouvant même se terminer par une révolution.

La « solution » apparemment apportée à une difficulté très sérieuse va, en pratique, la transformer en problème grave, qui n'aura de cesse d'empirer à chaque nouvelle initiative d'une des parties prenantes…

Au contraire, par sa remarquable intervention, l'officier effectue un « *changement 2* », c'est-à-dire qu'il sort, qu'il extirpe, qu'il arrache littéralement la situation du cadre qui jusqu'alors l'englobait lui-même avec la foule.

Proposant un nouveau contexte, il procède à *un recadrage* qui satisfait les deux parties concernées. La menace originelle (la foule hostile) et la menace de « solution » (l'ordre de tirer dessus) s'évanouissent alors toutes deux : la machine infernale a été désamorcée par quelques phrases qui ont projeté sur la situation un éclairage différent.

Un « coup de colère » qui aurait pu entraîner la destruction d'un monument parisien…

Après la défaite de Napoléon à Waterloo en 1815, les armées alliées de l'époque occupaient Paris. Le maréchal prussien Blücher voulait faire sauter le magnifique pont d'Iéna, l'un des plus beaux de la capitale. En effet, le nom qui lui avait été donné commémorait une bataille que les Prussiens, réputés invincibles, avaient pourtant perdue, en 1806, face à l'armée française. En restant dans le cadre du système et en retournant le problème (mais non pas la situation) dans tous les sens, il est clair qu'il n'y avait pas grand-chose à faire pour s'opposer à la destruction de cet important élément du patrimoine national français.

Le général anglais Wellington, bien qu'ayant lui aussi contribué à la défaite française, appréciait beaucoup la ville de Paris. Aussi, il tenta de dissuader son collègue Blücher de mettre sa décision à exécution. Mais plus Wellington cherchait à calmer Blücher, plus celui-ci devenait furieux, et Wellington en rajoutait de son côté. Le « toujours plus de la même chose » était enclenché…

C'est alors que Talleyrand, le talentueux diplomate français, prit de court Blücher qui s'apprêtait à faire sauter le pont en décidant qu'on allait immédiatement débaptiser l'ouvrage, qui devint le pont de l'Ecole Militaire !… Cette initiative originale et inattendue calma immédiatement Blücher… Bien entendu, le pont fut à nouveau appelé pont d'Iéna sous Louis-Philippe et, à cette occasion, les aigles impériales lui furent même rendues.

Une « idée folle » qui sauva la vie de milliers de personnes...

Lors de la Deuxième Guerre mondiale, le Danemark fut occupé par les troupes allemandes de 1940 à 1944. On sait maintenant que dès le début 1942, les nazis décidèrent de mettre en œuvre la « solution finale » à l'encontre des juifs de tous les territoires européens placés sous la botte allemande.

C'était la dernière et délirante « trouvaille » de l'odieuse idéologie nazie, consistant, en l'occurrence, à mettre en place une gigantesque organisation d'extermination méthodique de tous les juifs des pays occupés en Europe. On sait que six millions d'entre eux (issus, pour la majorité, d'Europe centrale) feront les frais de cette gigantesque entreprise diabolique.

Dans un premier temps, les nazis décrétèrent que tous les juifs des territoires occupés par la Wehrmacht (nom donné, à l'époque, à l'ensemble des forces armées allemandes) devraient porter un brassard ou une plaque d'étoffe sur la poitrine, de couleur jaune et faisant apparaître en noir l'étoile à six branches de David.

L'envoyé spécial des nazis auprès du roi Christian X du Danemark (qui n'avait pas été déposé par l'occupant) lui transmit cet ordre. Bien entendu, le roi n'avait aucun moyen de s'opposer physiquement à cette première phase du génocide qui s'annonçait pour les juifs danois. Il eut alors l'extraordinaire présence d'esprit et l'exceptionnelle hauteur de vue d'annoncer à l'émissaire nazi qu'il ne faisait aucune différence entre les Danois. Par conséquent, ce décret allemand s'appliquerait d'office à tous les Danois, lui-même compris !...

Aussitôt dit, aussitôt fait. Et le plus étonnant est que la population danoise suivit, à une très forte majorité, l'exemple de son roi. Complètement ahuris, stupéfaits et décontenancés par cette initiative géniale et imparable, les Allemands annulèrent purement et simplement l'ignominieux décret.

Ainsi donc, ce roi, par la seule grâce de cette idée lumineuse, venait d'une part de sauver des milliers de vies humaines d'un atroce calvaire, et d'autre part de préserver, devant l'Histoire, son honneur et celui du peuple danois tout entier. A travers cet authentique épisode de la Deuxième Guerre mondiale, on saisit bien jusqu'à quels sommets peut culminer la modeste démarche paradoxale.

Continuons par quelques situations classiques de la vie courante.

Une « comédie » devant l'école maternelle

Le premier jour où elle est entrée à l'école maternelle, une petite fille a très mal supporté de voir sa mère partir sans elle. On imagine la scène de pleurs, le déchirement de l'enfant mais également de la mère. Naturellement, au fil des jours, les choses ne s'arrangent pas. La mère a tendance à rester de plus en plus longtemps à l'entrée de l'école avant la séparation. Travaillant, elle doit donc se lever de plus en plus tôt pour tenir compte de cette pénible situation qu'elle doit affronter chaque jour.

Suivant un processus que maintenant nous connaissons bien, plus la mère s'inquiète, console l'enfant à n'en plus finir et plus la fillette hurle son désespoir. Le problème prend rapidement de telles proportions qu'il faut envisager d'aller consulter un psychologue. A n'en pas douter, celui-ci, en professionnel consciencieux, cherchera à remonter aux causes, à comprendre le mode de vie du couple, interrogera la jeune mère sur son passé et plus précisément sur ses relations passées et présentes avec sa propre mère, etc.

Immanquablement, on découvrira un tas de difficultés, de choses intéressantes, de facteurs explicatifs. Peut-être même faudra-t-il que la jeune mère envisage une psychothérapie, de préférence en y intégrant son mari, lequel, bien entendu, ne comprendra pas ce qui lui arrive. Cela constituera donc un excellent (et redoutable) sujet de friction entre eux, etc. Et, pendant tout ce temps-là, se multiplient et s'aggravent les scènes à l'entrée de la maternelle…

Mais un événement imprévu se produit. La jeune femme, profondément perturbée par cette situation qu'elle ne parvient pas à maîtriser, tombe malade durant quelques jours. C'est donc son mari qui se charge d'accompagner l'enfant à l'école. Chose curieuse, tout se passe très bien. C'est à n'y rien comprendre. On pense donc qu'à l'avenir il faut que ce soit le mari qui accompagne, tous les jours, la fillette à l'école et que la mère renonce définitivement à cette démarche très naturelle pour elle.

Mais, compte tenu des contraintes professionnelles du mari, cette solution est inapplicable en permanence. Et donc une fois remise sur pieds, la mère accompagne à nouveau la fillette jusqu'à l'entrée de l'école maternelle. Et là, deuxième surprise (de taille) : l'enfant ne fait pas de difficulté particulière… C'est totalement « incompréhensible », c'est à y perdre son latin…

Par un hasard providentiel, l'un des éléments du système relationnel a été provisoirement interchangé (le père remplaçant la mère durant quelques jours) et, d'un seul coup, tout est rentré dans l'ordre, à la stupéfaction de tout le monde. Impossible d'expliquer rationnellement les raisons profondes de ce spectaculaire revirement, mais l'important est qu'il se soit produit.

On observe le même type de phénomène mais à une grande échelle lorsque l'on change volontairement le dirigeant d'une entreprise ou d'une équipe ou même, plus prosaïquement, lorsqu'on modifie la disposition des bureaux d'un service. De nombreuses difficultés, jusque-là estimées insurmontables, disparaissent d'un seul coup, sans que personne y soit forcément pour quelque chose… Simplement, un seul élément du système a été modifié et l'ensemble s'en trouve non pas modifié mais transformé. Il se produit un réagencement général des relations dont tout le monde profite sans pouvoir prétendre en être personnellement l'auteur...

Deux incidents dont l'heureux règlement a consisté à « prescrire le symptôme »

Premier incident : Un jour ou l'autre, nous avons tous rencontré une personne exprimant un profond pessimisme circonstanciel ou chronique. Croyant bien faire, on s'efforce de lui « remonter le moral », en l'aidant à considérer le côté positif de la situation, en la rassurant, en lui conseillant de penser à autre chose, etc. Fréquemment et contre toute attente, l'attitude de soutien psychologique et d'encouragement manifestée par l'entourage amène le plus souvent cette même personne à verser dans un pessimisme de plus en plus noir. On finit donc par se décourager. L'indécrottable pessimiste s'empresse alors d'en conclure, avec une sombre délectation, qu'il n'y a rien à faire dans son cas. Ce qui renforce encore un peu plus son attitude, et apporte une éclatante justification à tous ses sombres pronostics.

Comme d'habitude, le cercle vicieux se referme de plus en plus, un jeu sans fin s'instaure et un comportement de type obsessionnel s'installe. Mais si, au lieu de contredire, de contrecarrer affectueusement le pessimiste (attitude classique, raisonnable et pleine de « bon sens »), on se met soudain à se montrer encore plus pessimiste que le pessimiste à propos de tout et de rien, le processus initial, pourtant parfaitement huilé, se bloque aussitôt. L'optimisme forcené de l'entourage ne fait plus pendant au pessimisme exagéré de la personne concernée, ce qui réalisait un équilibre stable et provoquait en définitive l'invariance du système relationnel. Déstabilisé, pris à contre-pied, le pessimiste ne peut plus jouer son jeu habituel et se retrouve en quelque sorte éjecté du cercle vicieux.

Deuxième incident : Considérons la condition de l'insomniaque que nous avons évoquée dans la première partie. Bien entendu, nous excluons de notre propos les troubles aigus du sommeil consécutifs à de graves traumatismes physiques ou psychiques, lesquels relèvent de thérapies très spécifiques.

Ainsi, dans de très nombreux cas, l'insomnie banale, mais pénible et irritante, est le résultat d'un double verrouillage, d'un double cercle vicieux. Cela explique d'ailleurs, en partie, la fréquence et l'insistance de ce dérèglement.

D'une part, notre insomniaque commet l'erreur du « toujours plus de la même chose » (premier cercle vicieux) en alignant, jusqu'à l'obsession, les précautions préalables, les trucs, les rites et exercices divers censés l'aider à contrer puis à « vaincre » son insomnie… Par-dessus le marché, toute sa conduite est orientée par la ferme volonté de venir à bout de son insomnie. Ainsi, une fois au lit, il va même aller jusqu'à vouloir se forcer à dormir, s'enfermant donc dans un insupportable dilemme du genre « soyez spontané » (deuxième cercle vicieux). C'est vouloir quelque chose et en même temps son contraire. En effet, le sommeil est un réflexe automatique qui ne se commande pas. On ne peut pas prétendre vouloir faire surgir à sa guise des phénomènes naturels et spontanés comme un sentiment, le sommeil, le goût ou la répulsion pour une nourriture ou une activité, ou encore l'attirance pour une personne.

Compte tenu de ces considérations, des sujets ont pu être traités avec succès de la manière suivante, tout à fait ahurissante de prime abord. On leur donne comme instruction (apparemment absurde et défiant le « bon sens » commun) de s'obliger, une fois couchés, à ne pas fermer les yeux, c'est-à-dire de se forcer à ne pas dormir !... Le plus extraordinaire, c'est que, dans ces conditions pour le moins paradoxales, ils finissent par s'endormir complètement...

On les a donc empêchés de vouloir s'endormir (ce qui représente un changement 2, qui permet de sortir du système clos sur lui-même) alors qu'auparavant on se posait la question classique : comment les faire dormir ? (ce qui est un changement 1, qui ne permet pas de sortir du cercle vicieux).

Le cas de l'insomniaque est tout particulièrement intéressant à considérer car, outre le fait qu'il est piégé par un double verrouillage, c'est l'intéressé qui s'applique à lui-même, qui s'auto-administre le procédé, le médicament (pourrait-on dire) de l'approche paradoxale. Se soigner avec la maladie dont on souffre fait évidemment penser au principe du traitement homéopathique qui, à sa manière, constitue une forme de démarche paradoxale (on soigne la maladie avec des doses — infinitésimales — de la substance qui, précisément, provoque cette maladie).

Notons, au passage, qu'il convient de ne pas confondre l'approche paradoxale des troubles du sommeil avec la notion de « sommeil paradoxal ». On sait que celui-ci correspond à la dernière séquence d'un cycle de sommeil (ce dernier dure environ 1 h 30) durant lequel le dormeur rêve. Sous les paupières, ses yeux bougent dans tous les sens alors que, par ailleurs, l'ensemble du corps (et en particulier les membres) est comme paralysé : d'où l'appellation de sommeil paradoxal.

4. Références techniques relatives à l'approche paradoxale

Bibliographie spécifique

Les ouvrages de Paul Watzlawick

Dans la collection « Points-Essais », Editions du Seuil :

— *Une Logique de la communication*, 1972, 286 p.

— *Changements - Paradoxes et psychothérapie*, 1975, 190 p.

— *La Réalité de la réalité - Confusion, désinformation, communication*, 1978, 240 p.

Autres ouvrages

— *La Nouvelle Communication*
Y. Winkin, Editions du Seuil, 1981.

— *L'Ecole de Palo Alto - Communication, changement, thérapie*
Edmond Marc et Dominique Picard, Retz, 1984, 192 p.

— *Dénouer les conflits professionnels - L'Ecole de Palo Alto dans l'entreprise*

Gérard LAYOLE, Les Editions d'organisation, 1984. (excellent ouvrage, très bien illustré mais, hélas, épuisé…)

— *Résoudre les conflits par l'approche paradoxale - La célèbre technique de Palo Alto*
Jean-Paul JUÈS, Marabout n° 3558, 1996, 140 p.

— « L'Apport de l'approche paradoxale dans la résolution des conflits relationnels »
par Jean-Paul JUÈS, revue *Humanisme et Entreprise*, avril 1998.

Organismes

A notre connaissance, il n'existe pas encore en France de cabinets ou d'instituts diffusant une formation pratique à l'approche paradoxale. Mais cela n'est pas forcément gênant dans la mesure où cette manière de « prendre les problèmes », bien plus qu'une technique sophistiquée voire procédurière, est surtout un état d'esprit, une manière quelque peu décentrée mais imaginative d'appréhender la réalité et d'agir sur elle de manière positive.

RÉCAPITULATIF GÉNÉRAL DES SEPT POINTS CLÉS

1er point clé : Synchroniser sa posture sur celle de l'interlocuteur
Geste d'accueil, d'ouverture, de bonne volonté, supposant d'avoir fait un premier et simple effort d'observation de l'autre.

2e point clé : Déceler sur le visage de l'interlocuteur le mouvement dominant au cadre
Deuxième temps de l'effort d'observation du vis-à-vis amenant à s'intéresser à sa personnalité afin d'en tenir compte pour la suite.

3e point clé : Reformuler le discours de l'interlocuteur
Après l'effort d'observation de l'aspect physique du partenaire, on passe à un premier effort d'attention pour ce qu'il exprime verbalement.

4e point clé : Avoir présent à l'esprit le schéma des trois Etats du Moi
Avant d'aller plus loin dans le dialogue, faire en sorte de ne pas s'aventurer sur les sables mouvants des transactions négatives.

5e point clé : Pratiquer l'« écoute active » et le « message-je »
On entre dans le vif du sujet alors que le terrain a été préparé grâce aux quatre premiers points clés.

6e point clé : Repérer le « cycle de contact en cinq temps »
Correctement engagés, le dialogue ou la relation se développent de manière positive. En prenant un peu de recul, on va alors faire en sorte que cet événement s'intègre bien

dans notre histoire personnelle. Mais il va falloir faire attention à « décrocher » au bon moment.

7e point clé : En cas de conflit relationnel, « recadrer » la situation

Si, par hasard ou par inadvertance, une situation relationnelle s'engage sur la pente glissante de la conflictualité, on va utiliser la véritable « potion magique » du recadrage paradoxal.

Conclusion

A travers la lecture de cet ouvrage, vous aurez pu faire d'une pierre deux coups…

D'une part, vous avez acquis une vue panoramique sur l'essentiel de sept théories psychologiques de référence, ce qui vous donne de nombreux points de repère et donc le sens du relatif, c'est-à-dire finalement un bon niveau de culture dans ce domaine. Par ailleurs, à ce propos, vous pourrez décider d'approfondir l'une ou l'autre de ces différentes approches si elle a fait résonner quelque chose au plus profond de vous-même.

D'autre part, vous êtes maintenant en mesure d'en tirer très concrètement profit, en utilisant sans tarder l'application la plus accessible de chacune de ces sept conceptions modernes, lesquelles sont le fruit des travaux d'éminents chercheurs et praticiens durant tout le XXe siècle.

Bien entendu, il ne s'agit pas d'appliquer en bloc et

de manière précipitée les sept points clés. Allez-y progressivement. Consacrez, par exemple, une semaine à chacun des sept points évoqués puis une semaine supplémentaire pour « l'assemblage » de ces différents « modules ».

Ainsi, au bout d'environ deux mois d'autoformation pratique, vous disposerez d'un ensemble d'outils cohérents entre eux et se complétant naturellement. En outre, vous appliquerez tout cela avec votre style personnel et vous le perfectionnerez progressivement. Au total, vous maîtriserez une méthode tout à fait opérationnelle qui sera devenue la vôtre.

Bibliographie générale

— *La Communication non verbale*
Aspects pragmatiques et gestuels des interactions
Guy BARRIER, Collection Formation Permanente en Sciences Humaines, ESF Editeur, 1996.

Les ouvrages de Jacques SALOMÉ (qui comportent de nombreux croquis), et notamment :

— *T'es toi quand tu parles - Jalon pour une grammaire relationnelle*
Albin Michel, 1991.

— *Heureux qui communique - Pour oser se dire et être entendu*
Albin Michel, 1993.

— *Parle-moi... J'ai des choses à te dire*
Les Editions de l'Homme, 1995.

— *Pour ne plus vivre sur la planète Taire - Une Méthode pour mieux communiquer*
Albin Michel, 1997.

— *Les Techniques modernes de développement personnel*
Jean-Paul Juès, Marabout n° 3540, 1995.

— *Le Guide pratique des nouvelles thérapies*
Edmond Marc, Retz.

— *Atlas de la psychologie*
Hellmuth Benesch, 1987 (1995 pour l'édition française)
Encyclopédie d'Aujourd'hui, Le Livre de Poche
(à chaque page de définition correspond une page de croquis en couleurs).

Table des matières

Au catalogue Marabout

Psychologie

Ennéagramme facile (L')
R. Baron - E. Wagele .... 3584 N
Ennéagramme (L')
R. De Lassus 3568 M8
Etats Non Ordinaires de Conscience (Les)
M. Nachez 3640 M9
Etre homosexuel
R. A. Isay 3575 M7
Fantastiques capacités de votre cerveau (Les)
M. de Verdilhac 3578 M7
Force est en vous (La)
L. Hay 3647 M7
Gestalt, l'art de contact (La)
S. Ginger 3554 M9
Grand guide du timide (Le)
J.-F. Picardat 3547 M9
Guide des fantasmes
A. Hess 3567 M8
Interprétation des rêves (L')
P. Daco 3501 M7
Interpréter les gestes, les mimiques, les attitudes
A. Pease 3555 M7
Je teste mon Q.I.
A. Bacus 3570 M5
Jouez à fond vos points forts
D. Clifton - P. Nelson 3616 M7
Langage des couleurs (Le)
V. Neuville - P. Clermont 3565 M5
Maîtrisez vos émotions
A. Ellis - Dr A. Lance 3632 M9
Maladies psychiques (Les)
M. Tschui 3569 M7
Méditer au quotidien
H. Gunaratana 3644 M7
Mémoire , la développer, la garder (La)
P. Dessi 3585 M6

Mensa , le livre des tests
A. Bacus 3506 M7
Mesurez votre Q.I.
G. Azzopardi 3527 M6
Méthode Coué (La)
E. Coué 3514 M7
Moments vrais (Les)
B. De Angelis........................ 3646 M8
Oser être gagnant par l'analyse transactionnelle
R. De Lassus 3620 M7
Oser être soi-même
R. De Lassus 3603 M7
Paroles des Dalaï-Lamas
Textes choisis et présentés
par G. Van Grasdorff................. 3641 M8
Partez gagnant
T. Hopkins 3604 M7
Penser positif
V. Peiffer........................... 3630 M7
Pièges de la perfection (Les)
S. J. Hendlin........................ 3628 M9
Plus loin sur le chemin le moins fréquenté
S. Peck 3639 M7
Pouvoir de l'amour (Le)
Dr. G. Jampolsky 3625 M7
Pratique de l'analyse transactionnelle
R. De Lassus 3561 M6
Pratiquer et vivre la relation d'aide
J. et C. Poujol...................... 3579 M8
Prodigieuses victoires de la psychologie (Les)
P. Daco 3504 M9
Psy de poche (Le)
S. Mc Mahon 3551 M7
Psychanalyse (La)
C. Azouri............................ 3522 M7
Psychologie et liberté intérieure
P. Daco 3503 M9

Puissance de la pensée positive (La)
N. V. Peale 3607 M7
QE, QI : dopez votre intelligence
G. Azzopardi ....3586 N
Quel est votre type de psycho-sexuel
G. d'Ambra ....3588 N
Résoudre les conflits par l'approche paradoxale
J.-P. Juès 3558 M6
Réussissez les tests d'intelligence
G. Azzopardi 3512 M7
Se connaître par la morpho-psychologie
B. Guthmann 3525 M7
Secrets de famille, mode d'emploi
S. Tisseron.......................... 3573 M6
7 points clés pour bien communiquer (Les)
J.-P. Juès .... 3581 N
Solitude
J. Bury 3613 M9
Testez votre quotient émotionnel
G. d'Ambra 3571 M7
Tests d'intelligence (Les)
J.-E. Klausnitzer 3529 M7
Tests de logique (Les)
J.-E. Klausnitzer 3530 M7
Tests psychologiques (Les)
P. Caprili........................... 3533 M6
Tests sans stress
A. Bacus 3524 M7
Training autogène
C. Brand Hetzel..................... 3511 M7
Transformez votre vie
L. Hay 3633 M7
Triomphes de la psychanalyse (Les)
P. Daco 3505 M9
Trucs anti-trac
G. Garibal.......................... 3553 M6
Vaincre la peur de l'eau
F. Simpere ....3587 N

Vitamines pour l'âme
J. Canfield - M. Hansen 3645 M7

Voies étonnantes de la nouvelle psychologie (Les)
P. Daco 3502 M9

Vos rêves sont des messages
N. Julien 3622 M7

IMPRIMÉ EN FRANCE PAR BRODARD ET TAUPIN
6986T-5 - Usine de La Flèche (Sarthe), le 09-04-1998.

pour le compte des
Nouvelles Éditions Marabout
D.L. avril 1998/0099/140
ISBN : 2-501-02967-4

3581